존재 유진하 선생 유고시집
存齋 俞鎭河 先生 遺稿詩集

존재 유진하 선생 유고시집
存齋 俞鎭河 先生 遺稿詩集

기획
유병덕

역자
유병철

표지그림
유병일

Orum Edition

머리말

정말 장대하게 세월이 흐르고 있다. 세월은 고봉을 넘고 준령을 지나 큰 강을 건너며 조상 대대로 이어왔다. 기나긴 세월 속에 우리는 밤하늘에 신비로운 별을 세며, 산야에 아름다운 꽃을 보며 웃기도 하고 울기도 했다. 어찌 보면 인간은 자연의 한 언저리에서 맴돌다 가는지 모른다. 학창 시절 암송하던 영국의 낭만주의 시인 월리엄 워즈워스의 시가 떠오른다. 워즈워스는 시〈무지개〉에서, 자연 속에서 어린아이가 무지개를 볼 때 느끼는 경이로움과 아름다움을 노래했다.

"하늘의 무지개를 보면/ 내 가슴은 뛰노나/ 나 어릴 때도 그러했고/ 어른이 된 지금도 그러하거늘/ 그렇지 않다면 차라리 죽으리/ 어린이는 어른의 아버지/ 원컨대, 내 생의 하루하루가/ 자연의 경건함으로 이어져 가기를"

존재 유진하 증조부님은 젊은 나이에 워즈워스 시인처럼 자연의 경건함과 신비로움을 시로 읊었다. 그러나 자연의 순리를 어기는 자들의 횡포 앞에선 속수무책이다. 구한말 격동의 시대를 맞이하여 망국의 울분을 삼키며 고결한 삶을 추구하다가 생을 마치셨다.

사실 후손으로서 부끄러운 일을 고백한다. 어린 시절 조상에 대해서 들어본 적이 없다. 어린 날 기억은 온통 외갓집뿐이다. 소풍이나 운동회 때 어른 손 잡고 가는 아이들이 부러웠다. 담임선생님이 가족을 물어오면 외삼촌 이름을 대며 우물쭈물하곤 했다. 부친이 강원도 두메산골 전방부대를 전전하며 보냈기 때문이다. 외갓집에서 살면서 늘 조상에 대해서 궁금함과 아쉬움이 교차했다.

현직에 있을 때 일이다. 그러한 나에게 어느 날 돌아가신 증조부께서 찾아오셨다. 일면식도 없는 대학교수가 대리인이었다.

"존재 유진하 선생을 아시나요?"

금시초문이다. 대습상속하듯 조부와 부친을 뛰어넘어 다가와서 어리둥절했다. 난감하여 머뭇거리니 그는 내가 존재 유진하의 장손이란 말을 전해 주었다. 귀를 의심했다. 충남대학교 충청문화연구소장이라며 수소문하여 찾았다고 반가워하는 말투다. 차를 한잔하며 그간 이야기를 들려주더니 연말에 「존재 유진하(兪鎭河)의 사상과 민족운동」학술회의가 있다며 참석하라는 권고다. 어렵사리 시간을 내어 찾아가 보니 그곳에서는 한국독립 운동사를 연구하는 이들이 모여서 발표하고 토론이 이어지고 있었다.

난생처음 족보 공부다. 첫 발제자가 유진하 선생은 본관이 기계(杞溪)로 호는 존재(存齋)며, 선조 때 우의정과 좌의정을 지낸 충목공 홍(泓 1524-1594)의 11대손이란다. 잘 알려진 구당(矩堂) 유길준(兪吉濬)은 12대손으로 같은 집안이라고 소개한다. 존재 선생은 구한말 제국주의침탈로 나라가 위기에 빠졌을 때 젊은이들을 교육하여 항일운동에 참여하도록 한 훌륭한 유학자라고 추켜세워서 놀랐다.

귀를 세우고 들어보았다. 구한말 독립운동가인 유인석 등을 연구하다가 증조부와 교류한 서간문이 발견되어 연구를 시작하였다. 증조부는 화서학파로 경기도 고양군 벽제(현 고양시 덕양구 벽제)에서 태어나서 경기지역에서 활동하다가 나라가 위태로워지자, 최익현 윤석봉 등과 함께 충청지역으로 이주하면서 이 지역에 화서학파 사상을 보급한 교육자였다.

듣고 보니 가슴이 먹먹했다. 증조부는 구한말 격동의 시대를 살아내면서 숱한 고초를 겪었다. 외세에 대항하다가 가문이 풍비박산 났다. 장자인 조부는 조상 대대로 살아오던 검단산자락의 터전을 빼앗기고 백부는 일제강점기에 강제 징용되어 일본 오사카에서 행방불명되었다. 의지할 곳 없는 부친은 젊은 나이에 불운하게 천상으로 떠나셨다.

만감이 교차한다. 나이 오십이 되도록 조상을 모르고 지냈다. 증조부께서 남긴 옛 문서가 없었더라면 조상 없이 고아처럼 지낼 뻔했다. 다행스럽게「존재(存齋) 선생유고집」이 있어 끊겼던 가문의 맥을 이어주었다. 공적 활동은 정부에서 연구하여「한국사상 사학」에 기록되고,「瑞山 兪鎭河 家 고문서」가 간행되어 살아 숨 쉬고 있다.

하지만 증조부의 사적인 옛 문서는 고택에 고스란히 잠자고 있었다. 박사학위 논문을 쓰고 영어원서를 읽어댄들

아무 소용이 없다. 고문서 한쪽을 제대로 읽어내지 못하는 까막눈이다.

마침 재종형(병철)이 증조부의 사상과 시문이 그대로 사장되는 것이 안타까워서 장롱 속에 묻혀있던 낡은 책들을 뒤져서 세상 밖으로 내놓았다. 「存齋 俞鎭河 선생 遺稿詩集」이 나오기까지 재종형의 고문서 국역과 유병하 전 기계 유씨 대종회 회장, 김영훈 문학박사 등의 감수로 발간하게 되었다. 모든 이에게 감사한다.

갈수록 삶과 문학에 대한 마음이 메말라 가고 있다. 무엇보다도 삶의 현실 자체가 각박해져 가고 그에 따라 문학을 보는 눈도 어두워져 가고 있기 때문이다. 모쪼록 증조부의 유고시집을 보며 물질만능주의에 빠진 현대인들이 살아가는 데 조금이나마 보탬이 된다면 더없는 기쁨으로 여기겠다.

앞으로 존재 유진하 증조부의 사상과 교육 철학 그리고 사회활동 부분 등에 관하여 틈틈이 정리해 보고 싶다.

2023년 여름
용현계곡에서 증손자 병덕 삼가 씀

차 례

004 _ 머리말

제1부　학자의 길 (30대 이전)

014 _ 복숭아 열매를 보니 / 松石亭見桃花結子有感
015 _ 춘매 / 春梅
016 _ 벽계를 지나며·1 / 過檗溪有感
017 _ 벽계를 지나며·2 / 又
018 _ 강화조약 들으며 / 奉和族祖南崗寄示韵
019 _ 문양구곡 / 汶陽九曲次武夷櫂歌韻
020 _ 일곡 구정탄 / 一曲 龜亭灘
021 _ 이곡 반탄 / 二曲 泮灘
022 _ 삼곡 우담 / 三曲 牛潭
023 _ 사곡 용대 / 四曲 龍臺
024 _ 오곡 노호 / 五曲 蘆湖
025 _ 육곡 취적대 / 六曲 吹笛臺
026 _ 칠곡 벽력암 / 七曲 霹靂巖
027 _ 팔곡 평사 / 八曲 平沙
028 _ 구곡 병춘 / 九曲 並春
029 _ 황붕엄을 보내며·1 / 送黃鵬嚴鍾律歸明川
030 _ 황붕엄을 보내며·2 / 又
031 _ 황붕엄을 보내며·3 / 又
032 _ 황붕엄을 보내며·4 / 又
033 _ 황붕엄을 보내며·5 / 又
034 _ 붕엄을 보내고 / 鵬嚴有期不來

035 _ 홍학제묘에서 / 哭洪確齊墓
036 _ 나무꾼 / 山樵
037 _ 범굴암에서 / 梵溜菴做工長霖乏食望家口占
038 _ 봉평에서 / 蓬坪有感
039 _ 임오군란 / 軍亂曉起口占
041 _ 환장암에서 / 宿煥章菴
042 _ 이사하며 / 拔宅向延峽寄盧蓮谷

제2부 유람하면서 (40대)

044 _ 옥량폭포 / 題尙州玉樑瀑
045 _ 선유동 용추 / 題仙遊洞龍湫
046 _ 봉계 유람·1 / 鳳溪小會 二首
048 _ 봉계 유람·2 / 又
050 _ 성묘 / 省組墓有感
051 _ 친구와 성묘 / 湍上楸行過臨津與民表共賦
052 _ 곡성에서 / 與民表宿曲城墳菴次廉氏省楸錄韻
053 _ 용암위 소나무·1 / 龍巖古松
054 _ 용암위 소나무·2 / 又
055 _ 차운남당·1 / 三月晦日興蓮谷輝山春史入溫宮次南塘韻
056 _ 차운남당·2 / 又
057 _ 차운남당·3 / 又

제3부 삶의 자세와 時局을 걱정하며 (50대)

060 _ 충주진 / 聞忠州陣 哀痛教
061 _ 감춘 / 感春
063 _ 누산에서 / 懷樓山寓居

065 _ 청화산靑華山에서 돌아오며
　　　　/ 自靑華敗歸戱贈蓮谷 時蓮谷在三道峯
067 _ 송자묘 알현·1 / 過靑川謁宋子墓
069 _ 송자묘 알현·2 / 宋子墓上見黃廟 今一行痛哭口號
071 _ 웅도 / 望蟬接
072 _ 영인산에서
　　　　/ 中秋與春史(洪在淳)蓮谷(盧正燮)暉山(李庸信)遊下都
073 _ 중방읍에서 / 翌日投宿中方酒店
074 _ 감회에 젖어 / 懷啓述
075 _ 소나기 / 大暑驟雨
076 _ 청절사 참배 / 中秋携舜兒省掃祖墓
078 _ 장난삼아 연곡에게 / 戱贈蓮谷
079 _ 여름밤에 / 夏夜有感
080 _ 재회 / 聞蓮谷將向大山秋夜寄懷
082 _ 처량한 밤 / 夜宿墳庵
084 _ 의기를 다지며 / 宿尹希堂(錫鳳)家復用前韻
086 _ 나의 詩 / 霽夜次諸益韻寄示
088 _ 달 밝은 밤에 / 霽夜奉和春史寄示韻
090 _ 섣달 그믐날에 / 除夕述懷
092 _ 동생들과 / 元朝述懷寄諸弟
094 _ 人日 아침에 / 人日曉起
096 _ 나라를 걱정하며 / 與暉山拈社韻
098 _ 유학을 걱정하며 / 春史家逢蓮谷暉山拈社韻共賦
100 _ 儒學에 대한 바람 / 和孔龜山韻
102 _ 섣달 그믐날 저녁에 이웃 친구와 / 次隣友除夕韻
104 _ 백년가업 / 追次李光泰三加韻
106 _ 소나무 골에서 / 過松谷舊館有感
107 _ 칩거 / 着新冠出門蟄角有感而賦

108 _ 쌍오동 / 雙梧感志
110 _ 개심사에서 · 1 / 三月少晦陪二丈上開心寺
112 _ 개심사에서 · 2 / 又
114 _ 용유대에서 · 1 / 龍遊坮行約後與諸友共賦
116 _ 용유대에서 · 2 / 又
118 _ 류해남 수연 · 1 / 柳海南壽筵韻
120 _ 류해남 수연 · 2 / 又
122 _ 농가 탄식 / 田家歎
124 _ 단구대에서 / 挽金丹洲 希濟
126 _ 동생에게 / 代李台松隱作
128 _ 음덕 / 長洲李公(時宰) 壽筵韻
130 _ 농우 / 乞牛
131 _ 가엾은 농부 / 憫農
132 _ 아쉬운 단비 / 旱餘小雨
133 _ 늦게 피다 / 憫晩出
134 _ 추모 류동지 · 1 / 柳同知(達源)挽
136 _ 추모 류동지 · 2 / 又
138 _ 추모 이은률 · 1 / 李殷栗(鉉鶴)挽
140 _ 추모 이은률 · 2 / 又
142 _ 각기병 / 長夏風濕瘴毒徧身
144 _ 人日 이웃 친구와 / 次隣友人日韻

제4부 망국의 울분과 義士에 대한 애정 (60대)

146 _ 망국 · 1 / 寄昭陽諸公奔問
147 _ 망국 · 2 / 又
148 _ 망국울분 / 十月國變隨聞軋賦以撥憤欝之氣
151 _ 애도 조병세 · 1 / 右悼趙相公 秉世 二首

152 _ 애도 조병세·2 / 又
153 _ 애도 민영환·1 / 右悼閔尙書 泳煥 二首
154 _ 애도 민영환·2 / 又
155 _ 애련 민씨충노 / 右憐閔氏忠奴
156 _ 애도 김봉학 / 悼兵丁金奉學
157 _ 애도 홍만식 / 右悼洪侍郎
159 _ 이상설을 격려함 / 右勉李台
160 _ 기특한 원태우 / 右奇安陽
161 _ 성지를 받잡고 / 伏聞變夕聖旨痛哭而賦
162 _ 애도 이붕림 / 悼李主事
163 _ 家奴의 빛나는 항거 / 奇澤賊家饌婢
164 _ 학부주사 이완용 / 學部主事 李完用
165 _ 분개 오적불참 / 憤五賊不斬
166 _ 매국노 / 倀鬼歎
172 _ 가엾은 작은 새 / 咏淀地理 鳥名

부 록

■원문

174 _ 1. 家庭拾祿 (存齋 兪鎭河 선생 친필)
201 _ 2. 汝陽集 詩 중 汝陽九曲 (문인 편집)
202 _ 3. 存齋先生遺稿 天·地·人 중 詩 部門 일부

■생애와 가승보

203 _ 1. 存齋 兪鎭河 선생 생애 (1846~1906)
204 _ 2. 存齋 兪鎭河 선생 가승보

제 1부

학자의 길
/ 30대 이전

복숭아 열매를 보니

꽃이 다 진 가지를 슬픔에 차 부여잡고

있는 힘 다하여 촘촘히 맺혀있네

정원을 가꾸는 주인에게 보답하려는 듯

성긴 가지는 아예 보이지도 않는구나.

松石亭見桃花結子有感　　甲子(1864년) 19세
송석정견도화결자유감

悵把落花枝　　장파낙화지

團團盡結子　　단단진결자

爲報主人園　　위보주인원

莫栽無實蘂　　막재무실예

춘매

하찮은 나무처럼 무심코 가꿨는데

눈 속이라 아직 봄이 멀었구나

어느 날 저녁 봄바람이 불더니

만개하여 천진난만함을 보았노라.

春梅　辛未(1871년) 三月(음) 26세
춘매

養甭如凡木　　양용여범목

雪中不敢春　　설중불감춘

春風一夕至　　춘풍일석지

爛漫見天眞　　난만견천진

벽계를 지나며 · 1

계곡 길에 접어들어
또다시 산등성이 하나 올라서니

초록빛 시내가 길 앞에 펼쳐지고
돌집들이 줄로 늘어섰구나

소 키우고 나무하며 산 지 오래고
의관을 갖춘 노인은 젊어 보이네

그대 생각에 산수가 더욱 푸르게 보이고
석양 노을이 지는 줄 잊었다네.

過檗溪有感 辛未(1871년) 三月(음) 26세
과벽계유감

| 入峽纔三里 | 입협재삼리 | 登山又一層 | 등산우일층 |
| 綠溪前路卽 | 녹계전로즉 | 依石數家仍 | 의석수가잉 |

| 樵牧居人古 | 초목거인고 | 衣冠丈老曾 | 의관장노증 |
| 思君山水綠 | 사군산수록 | 不覺夕暉凝 | 불각석휘응 |

벽계를 지나며 · 2

화산서북 벽계수 흘러 흘러

구불구불 돌고 돌아 쉼이 없구나

종일토록 달려 비로소 압포구에 다다르니

넓은 바다로 들어가 비로소 시름 잊었노라.

又

華山西北檗溪[1]流   화산서북벽계류
萬折千回也不休   만절천회야불휴
盡日纔通鴨浦口[2]   진일재통압포구
到頭滄海更無愁   도두창해경무수

---

1) 檗溪 : 경기도 양주군 소재
2) 鴨浦口 : 서울시 압구정

강화조약 들으며

미래를 위하여 치부를 감추었으나 크게 잘못되었다

세계정세가 요동치니 한번은 시도해 봄 직하니

나라를 걱정하는 마음이 조금은 있었구나

오늘 저녁 종남산 아래 달이 둥글기도 하다

奉和族祖南崗寄示韵[3] 丙子(1876년) 三月(음) 31세
봉화족조남강기시운

向來韜晦太無端　　향래도회태무단

世外升沈[4]一任看　　세외승침일임간

定識今宵憂國意　　정식금소우국의

終南山下月團團　　종남산하월단단

---

3) 韵 : 韻과 同字
4) 升沈 : 영고성쇠

문양구곡

문양의 산수에 신령이 내린 지 오래되었구나

차고 더없이 맑은 물이 계곡마다 구비구비 흐르네

좁은 길이 끊어졌을 수도 있으니 혼자 앞서가지 마소

늙은이는 이미 노 젓는 사공의 노랫소리에 젖었다오

汶陽[5]九曲次武夷櫂歌[6]韻　　己卯(1879년) 34세
문양구곡차무이도가운

汶陽山水久種靈　　문양산수구종령

曲曲寒流徹底淸　　곡곡한류철저청

莫道前行微逕斷　　막도전행미경단

晦翁已有櫂歌聲　　회옹이유도가성

---

5) 汶陽 : 충청북도 괴산군 소재
6) 武夷櫂歌 : 朱子가 1184년에 武夷精舍에서 지은 詩

일곡 구정탄

구정탄에 짐을 가득 실은 배가 노 저어 오는데
구정봉 그림자가 물 위에 길게 드리웠네

파도 위에 지주산이 우뚝 솟아 서 있는데
돛단배가 계곡의 안개를 가르며 사라지는구나.

一曲 龜亭灘
初學先須立志 立志之意以爲 進學之基焉
초학자는 우선 뜻을 세우는 일이 필수이고
이는 배움으로 나가는 초석이다.

一曲撑來萬斛船　　일곡탱내만곡선
龜亭峯影揷長川　　구정봉영삽장천

屹然砥柱[7]頹波立　　흘연지주퇴파립
帆外微消斷壑烟　　범외미소단학연

---

7) 砥柱 : 河南城 三門峽에 있는 지주산

이곡 반탄

반탄에서 장자봉을 바라보니
仙氣의 참모습이 의젓하구나

종일 물길을 거슬러 말없이 서 있으니
넘실대는 반탄에 겹겹이 푸르름이 더하네

二曲 泮灘

有志于學者必景仰前賢 慕賢之意焉
배움에 뜻을 둔 자는 필히 현인을 우러러 본받아야 한다.

二曲粤瞻長者峯　이곡월첨장자봉
仙風道氣儼眞容　선풍도기엄진용

溯流盡日無言立　소류진일무언립
泮水洋洋碧幾重　반수양양벽기중

삼곡 우담

우담에 배를 띄울 수는 없지만
끊김 없이 이어온 세월이 몇 해인가

가을비가 내려 거울처럼 맑으니
들판의 거센 물결이 가엾게 여겨지누나

三曲 牛潭

希賢者必心體明盡　致知之意焉
현인이 되고자 하는 자는 필히 몸과 마음이
맑아야 한다.

三曲牛潭不繫船　　삼곡우담불계선
欲窮源委幾經年　　욕궁원위기경년

秋來潦落明如鑑　　추내료낙명여감
山外狂瀾抳可憐　　산외광란홀가련

사곡 용대

용대 바위가 깎아지는 듯 높고 험한데
험준한 산에 이끼가 물총새 털이 드리워진 듯

베풀어 혜택을 전하는 일도 다 마치고
검푸른 연못에서 장시간 사랑을 나누네

四曲 龍臺

不可以不力行 篤行之意焉
독실한 마음으로 힘써 행하지 않으면 불가하다.

四曲龍臺削巉巖	사곡용대삭참암
崚嶒苔鬈翠毶毶	능증태권취삼삼
終焉潛德能施澤	종언잠덕능시택
雲雨[8]長時暗碧潭	운우장시암벽담

---

8) 雲雨 : 남녀 사이에 육체적으로 관계를 맺는 일을 비유적으로 이르는 말이다.

오곡 노호

노호 가을의 정취가 깊어지누나
해 질 녘 배를 돌려 구름이 걸친 숲으로 향하여

산속에 있는 객사로 돌아와 달빛 받으며 누우니
네모진 연못이 거울처럼 비춰 옛 생각에 잠기네

五曲 蘆湖

篤行之士必以存心爲本然後一身之主宰立焉 存心之意焉
독행지사는 한결같은 마음으로 자신을 통제하며 완성해 나가야 한다.

五曲蘆湖秋意深　　오곡로호추의심
夕陽回棹向雲林　　석양회도향운림

今宵歸宿山家月　　금소귀숙산가월
依舊方塘一鑑心　　의구방당일감심

육곡 취적대

위험스럽게 깎아지듯 바위가 급류에 부딪히니
仙人이 할 일이 없어 누워서 피리를 불다가

두려운 곳에서 꿋꿋하게 무심히 앉아있는데
돌아갈 仙鶴이 오지 않으니 구름만 감도네

六曲 吹笛臺
畏敬之意以爲徹上徹下之法門焉 畏敬之意焉
두려워하며 공경함이 현인 군자의 길이다.

六曲危巖聳急灣	육곡위암용급만
仙人吹笛臥空關	선인취적와공관
凜然顧畏無心坐	늠연고외무심좌
笙鶴[9]不還雲影閑	생학불환운영한

---

9) 笙鶴 : 신선이 타는 선학

칠곡 벽력암

깊은 골짜기에 벽력암이 푸른 여울을 내려다보고 있으니
벼락 맞은 흔적으로 기울어 넘어질 것 같아 놀라게 하네

장차 神의 도끼로 이 바위를 두 동강 낼 사람 누구인가
산속에 숨어있던 귀신의 말을 들으니 오싹하누나

七曲 霹靂巖
力有不足則必中途而廢 勇斷之意焉
힘이 부족하면 반드시 중도 포기하게 된다.

七曲嵌巖臨碧灘　　칠곡감암림벽탄
雷痕宛轉入驚看　　뇌흔완전입경간

誰將神斧施雄斷　　수장신부시웅단
林翳至今鬼語寒　　임예지금귀어한

팔곡 평사

평평한 모래 장판에 당도하니 시야가 열리는구나
집 근처로 물이 돌아서 지나가야 즐거움이 있나니

중류에서 막판에 흐를 힘을 아껴야
발원지에서 나온 물이 줄기차게 흐를 수 있으리

八曲 平沙

學者必有源泉滾滾底意然後可以進道 不息之意焉
학자는 반드시 초심으로 일관해야 도에 이를 수 있다.

八曲平沙眼漸開　팔곡평사안점개
樂眞堂下水濚回　낙진당하수영회

中流不費推移力　중류부비추이력
自有源頭滾滾來　자유원두곤곤래

구곡 병춘

병춘에 오니 마음이 환하게 트이는구나
지금 가을 달빛이 차가운 냇물을 비추고

모든 산과 물이 다 함께 종착지에 이르니
이야말로 우리가 꿈꾸는 세상이구나

九曲 並春
入道之意特結焉
현인 군자가 되어서 종결

九曲並春意豁然	구곡병춘의활연
至今秋月照寒川	지금추월조한천
千山萬水同歸極	천산만수동귀극
也是人間別有天[10]	야시인간별유천

---

10) 別有天 : 속세와는 달리 경치나 분위기가 아주 좋은 세상을 비유적으로 이르는 말이다.

황붕엄을 보내며·1

옛날 조정에 이름 높은 시인이 江西에 살았는데

인간 세상에 내려온 지 이미 여러 해가 흘렀다네

금일 그대를 천북로에 보내니

기암절벽의 연무와 위강에 비친 달이 떠오르는구나.

送黃鵬嚴鍾律歸明川 己卯(1879년) 五月(음) 34세
송황붕엄종률귀명천

江西詩祖舊廷堅　　강서시조구정견

謫下人間已幾年　　적하인간이기년

今日送君天北路　　금일송군천북로

巖烟渭月夢應牽　　암연위월몽응견

황붕엄을 보내며 · 2

강남의 제비는 돌아갈 생각에 잠겨있고

쓸쓸히 날아가는 기러기는 서리에 놀라네

훗날 서로 그리워함을 모를 리 없으니

견줄만한 시인의 마을을 다시 만드세

又

江國燕葭秋意長　　강국연가추의장

蕭蕭旅雁早警霜　　소소려안조경상

定知他日相思夢　　정지타일상사몽

更把並州作故鄕　　갱파병주작고향

황붕엄을 보내며 · 3

흑룡강에 떠 있는 저 배는

흘러 흘러 며칠이면 명천에 당도하겠지

내 마음도 함께 싣고 떠나 흘러가면

만리타향이라도 친구 생각 깨끗이 씻으련만

又

泛彼興龍江上船　　범피흥룡강상선

行行幾日到明川　　행행기일도명천

中流願載吾心去　　중류원재오심거

快滌鵬溟萬里邊　　쾌척붕명만리변

황붕엄을 보내며 · 4

강 망루에서 서로 헤어짐을 생각하며

배 오기만을 말없이 기다릴 때

무거운 내 마음 주체할 수 없어

우두커니 칠보산만 바라보네

又

江樓相送意   강루상송의

只在言不間   지재언불간

要識吾心重   요식오심중

歸看七寶山[11] 귀간칠보산

---
11) 칠보산 : 함경북도 명천군 소재

황붕엄을 보내며 · 5

서호수 넘실넘실

배를 돌려 집에 돌아왔네

명년에 봄기운이 빨리 오려나

무릉화를 볼 수는 없겠구나

又

泛泛西湖水　　범범서호수

回船卽我家　　회선즉아가

明年春色早　　명년춘색조

莫逐武陵花　　막축무릉화

붕엄을 보내고

길을 떠나니 기약한 날 없고
언제 마주할지 또한 몰라라

국화꽃, 술잔 함께 띄어놓고
단풍나무 아래서 서로 시제를 권할 때

부합함에 일말의 어려움도 없었거늘
어찌 천 리 밖에서 서로를 그리워해야 하나

서호에 비친 달이 이별을 애석해 할 때
황혼은 다시 만나기를 기약하지 않누나

鵬嚴有期不來
붕엄유기불래

| 登程無幾日 | 등정무기일 | 接席又何時 | 접석우하시 |
| 黃花聊泛酒 | 황화료범주 | 紅葉强題詩 | 홍엽강제시 |

| 一宵難復合 | 일소난부합 | 千里奈相思 | 천리내상사 |
| 多意西湖月 | 다의서호월 | 黃昏不負期 | 황혼불부기 |

홍학제묘에서

확제 거사묘에서

통곡하며 또 길게 읊는다

멀리서 저승에 하례 드리오니

서양 오랑캐를 막아 주소서

哭洪確齊[12]墓   庚辰(1880년) 35세
곡홍확제묘

確齊居士墓   확제거사묘

通哭復長歌   통곡부장가

遙賀重泉下[13]   요하중천하

西洋不及波   서양불급파

---

12) 確齊(洪大心) : 金平默 柳重教 柳始秀등과 李恒老學派
13) 重泉下 : 저승

나무꾼

노인네 살아가는 것이 극도로 거칠구나

한번 하늘에 맡기고 하는 일도 없네

가을비 오는 깊은 밤 냉기뿐이구나

아침이 되니 뜰앞에 단풍만 가득하네

山樵
산초

山翁經濟極疎迂　　산옹경제극소우

一任於天不費吾　　일임어천불비오

秋雨三宵廚火冷　　추우삼소주화랭

曉來黃葉滿前塢　　효래황엽만전오

범굴암에서

후미진 절간에 식량도 없고 비는 그치질 않는데

저녁준비에 부엌에서 중이 투덜대며 재를 치우네

문밖 멀리 물 위로 우리 집을 바라보니

누군가 작은 배로 물을 가르며 오고 있네

梵溘菴做工長霖乏食望家口占
범굴암주공장림픽식망가구점

寺僻糧空雨未開　　사벽량공우미개

夕厨僧慍撥寒灰　　석주승온발한회

遙望吾家門外水　　요망오가문외수

何人橫截小舟來　　하인횡절소주래

봉평에서

돌 틈에서 샘솟는 저 맑은 물

굴곡진 시내로 가지 마소

일단 산 밖으로 나가보면

세상은 모두 썩었다오

蓬坪有感　　壬午(1882년) 八月(음) 36세
봉평유감

冽彼石間泉　　열피석간천

莫隨屈曲川　　막수굴곡천

一從山外去　　일종산외거

環海盡腥羶　　환해진성전

임오군란[14]

남은 힘으로 되찾아 새 아침을 기다리니
세모가 멀지만 수많은 생각이 새롭구나

누가 강태공의 위수 낚시를 말하였나
이윤도 농사짓던 사람이라고 들었네

한가로운 구름이 적적하나 단비를 내리고
고목이 더디지만, 생각은 봄이구나

섣달 긴 밤의 생각이 분명하니
집안의 보물을 잘 지킬 수 있네

---

14) 임오군란은 1882년(고종 19) 6월 9일 훈국병들의 군료분쟁에서 발단해 고종 친정 이후 실각한 대원군이 다시 집권하게 된 정변이다. 무위영 소속 군병들에게 양이 절반밖에 안 되고 겨와 모래가 섞인 군료를 지급한 것이 발단이었다. 소요가 일어나자 민겸호는 주동자를 혹독하게 고문한 후 처형케 했다. 이에 격분한 군병들이 통문으로 결집을 호소하여 대규모 폭동으로 발전했다. 척신·관료의 집을 습격하고 마침내 궐내로 난입해 이최응·민겸호·김보현을 살해했다. 고종은 대원군에게 사태수습을 맡기지 않을 수 없었고 대원군은 다시 정치 권력의 중심에 서게 되었다.

軍亂曉起口占　　壬午(1882년) 37세
군란효기구점

坐來殘月待淸晨　　좌래잔월대청신
歲暮悠悠百感新　　세모유유백감신

孰謂姜翁[15]曾釣渭　　숙위강옹증조위
我聞伊尹[16]亦耕莘　　아문이윤역경신

閑雲寂寂經綸雨　　한운적적경륜우
古木遲遲意緒春　　고목지지의서춘

最感窮陰長夜裏　　최감궁음장야리
十分加護自家珍　　십분가호자가진

---

15) 姜翁 : 姜太公, 文王, 武王을 도와 周 나라를 건국함
16) 伊尹 : 湯王시대 宰相

환장암에서

우주의 기운이 동으로 흘러 이 산에 머물렀네

영롱한 구름 사이에 두 왕릉이 자리하고

우뚝 솟은 산은 하늘의 기세를 떠받치네

朱子께서 다시 여기에 오신 것 같아라

宿煥章菴[17]　　癸未(1883년) 38세
숙환장암

宇宙東來有此山　　우주동래유차산

二皇遺廟彩雲間　　이황유묘채운간

屹然喬嶽撐天勢　　흘연교악탱천세

晦父重來海外寰　　회부중래해외환

---

17) 煥章菴 : 충청북도 괴산 화양계곡에 있던 암자

이사하며

머물고 떠남은 음양의 향배에 달렸네

서적을 챙겼으니 무얼 더 챙기겠는가

종일 짐을 꾸리느라 모두 기진맥진해져

바람은 충분했지만, 배를 띄우지 못했소

抜宅向延峽寄盧蓮谷
발택향연협기노연곡

向背陰陽判去留　　향배음양판거류

已裝書籍復何求　　이장서적부하구

招招盡日湏印友　　초초진일회앙우

縱有長風未泛舟　　종유장풍미범주

제2부 유람하면서
/ 40대

옥량폭포

여제께서 돌 대들보로 하늘을 떠받치시며

천년을 계곡 가운데에서 보내셨구나

나그네 俗情으로 더럽히지 마소

중수중이니 비경을 기다리시게

題尙州玉樑瀑
제상주옥량폭

媧帝撐天鍊石樑	왜제탱천련석량
千年虛擲澗之央	천년허척간지앙
客來愼勿塵心浼	객래신물진심매
會待重脩白玉堂	회대중수백옥당

선유동 용추

벼락을 맞은 듯 막히고 터진 동굴이

눈처럼 흰 물줄기를 내 뿜는구나

그런데 무엇 때문에 슬픔에 차 있는가

신룡이 이미 하늘로 올라가 버렸구료

題仙遊洞龍湫
제선유동용추

雷痕窖坼窟　　뇌량군탁굴

雪色白噴泉　　설색백분천

纔到奚怊悵　　재도해초창

神龍已上天　　신룡이상천

봉계 유람 · 1

선경이 열린 지 몇 년인가
계곡이 계속 이어지니 끝이 없네

태산의 정상은 하늘에 닿아있고
계곡물은 하늘에서 내려오는 듯

계곡 아래 다 같이 앉을 자리 잡으니
밝은 언덕이 절보다 더 좋아 보이네

仙寺의 불자들은 거처가 어떤지 물어보고
달빛 받으며 돌아오니 아무 생각 없어라

鳳溪[18] 小會 二首　　丁亥(1887년) 42세
봉계소회

仙區一闢幾經年　　선구일벽기경년
礀路邐邐指點邊　　간로리리지점변

泰山頂上疑無地　　태산정상의무지
活水源頭忽有天　　활수원두홀유천

雩下[19]冠童方選勝　　우하관동방선승
朗陵賓主又何賢　　낭릉빈주우하현

丹邱仙子問安在　　단구선자문안재
帶月歸來却惘然　　대월귀래각망연

---

18) 鳳溪 : 충청북도 보은군 산외면 소재
19) 雩下 : 기우제 지낸 뒤 내리는 비

봉계 유람 · 2

선생은 점을 몇 년이나 보았소
계곡에서 길을 잃어 헤매고 있네

黃河 정자 아래 천년 달빛
산을 휘감는 黃河의 맑은 햇빛

금수강산을 주셨으나 적에 굴복하니 비통하도다
수려하고 광활한 땅에 자손들은 현명하나

小子(周公)가 늦게 오니 할 말이 없구나
大國이 한번 쓰러지니 순간에 앞이 캄캄하네

又

先生卜築記何年　　선생복량기하년
路逕依迷磵谷邊　　노경의미간곡변

黃江樓下千秋月　　황강루하천추월
白洛山中一洞天　　백락산중일통천

嶽麗遺墟悲世降　　악려유허비세항
婺源數畝認孫賢　　무원수무인손현

小子晚來無語立　　소자만래무어립
丹邱[20]一抹忽窅然　　단구일말홀창연

---

20) 丹邱 : 전설 속에 나오는 신선이 산다는 곳

성묘

산소를 찾아 돌보는 일을 놓치니

쑥 덤불이 얼마나 성한지 슬픔이 가득하도다

전과 다르게 소홀함이 너무 심해졌으니

일 년에 한 번 돌봄이 역시 힘들다는 것을 알겠구나

省組墓有感　丁亥(1887년) 42세
성조묘유감

向來瞻掃未周賷　　향내첨소미주기

蓬棘如何滿目悲　　봉극여하만목비

甚矣吾衰非復昔　　심의오쇠비복석

一年一省亦難知　　일년일성역난지

친구와 성묘

다행히 양가 선영이 서로 가까이 있어서

지팡이 잡고 한 열흘 성묘차 놀러 가네

나는 손자로서 친구는 자식으로서

이 강을 배로 몇 번 건너곤 했지.

湍上楸行過臨津與民表共賦　戊子(1888년) 43세
단상추행과임진여민표공부

兩家先壠幸同州　　양가선롱행동주

十日聯笻作勝遊　　십일련공작승유

我且有孫君有子　　아차유손군유자

幾回同濟此江舟　　기회동제차강주

곡성에서

곡성 산소 아래 가을바람 소리 들리고

낙엽 지는 삼림 사이로 달과 별이 보이네

문득 지나는 사람들이 경건해짐을 느끼니

목은 선생의 필력이 끝이 없음이라

與民表宿曲城墳菴次廉氏省楸錄韻
여민표숙곡성분암차렴씨성추록운

曲城墓下聽秋風　　곡성묘하청추풍

星月蕭森落木中　　성월소삼락목중

却使行人猶起敬　　각사행인유기경

牧翁[21]大筆示無窮　　목옹대필시무궁

---

21) 牧翁 : 목은 이색

용암위 소나무 · 1

저 용암과 용암 위 무성한 소나무

그대 가문과 선조의 덕망을 가히 짐작하겠구려

지금 내가 그 숭고한 뜻에 한 수 더하여 읊조리니

이미 땅속에 묻힌 외로운 뿌리가 혹시 알고 있을까

龍巖古松[22]
용암고송

菀彼龍巖巖上松　울피룡암암상송

君家先德想形容　군가선덕상형용

如今吾子加封意　여금오자가봉의

倘識孤根已晦冬　당식고근이회동

---
22) 친구 홍재순의 집에서 대대로 관리하는 사당 앞 고송을 돌보고 난 후에 씀

용암위 소나무 · 2

문밖 용바위 바위 곁 소나무

백 년을 오늘처럼 그 자태가 고고 하구나

갑자기 나에게 그 敬意를 더 보태라 하니

힘든 여건에도 그 기상이 겨울처럼 늠름하구나

又

戶外奇巖巖畔松　호외기암암반송

百年今日露眞容　백년금일로진용

却使吾人加敬意　각사오인가경의

一寒氣味凜如冬　일한기미름여동

차운남당·1

온궁이 지척인데 학문에 몰입하다 보니

사십 년 만에 처음 하는 모임이네

고매함이 한층 성숙하니 情趣가 유여한데

안내자는 왠지 함께하지 않누나

三月晦日輿蓮谷輝山春史入溫宮次南塘[23]韻
삼월회일여연곡휘산춘사입온궁차남당운

溫宮咫尺鳳啣書　　온궁지척봉함서

四十年來際遇初　　사십년래제우초

雲漢[24]昭回藹餘意　　운한소회애여의

山人何若不同車　　산인하약부동차

---

23) 南塘 韓元震(1682-1751) : 성리학자로 이이-송시열-권상하로 이어지는 학통을 계승함
24) 雲漢 : 은하수. 높이 있는 저 은하수여, 밝은 빛이 하늘을 돈다(倬彼雲漢, 昭回于天 時經) 글 인용

차운남당 · 2

선생은 일찍이 강태공의 글을 읽었는데

姜公은 팔십에야 처음 기회가 찾아왔다네

지금은 書生이나 꿈이 사라진 것은 아니니

학문에 매진하고 仙道에 빠지지 말지어다

又

先生早讀太公書　선생조독태공서

八十西來際一初　팔십서래제일초

寒水至今鳴不盡　한수지금명부진

蒼梧[25]雲斷杳仙車　창오운단묘선차

---

25) 蒼梧 : 중국 순임금이 돌아가신 곳

차운남당·3

맑은 아침 기쁜 마음으로 고인의 책 펴보니

이는 금 년에 다시 한번 헤아려봄이라

소자가 늦으니 별별 생각이 다 일어나누나

외롭고 쓸쓸함에 풍류에 빠질까 걱정이로다

又

淸晨喜奉故人書　　청신희봉고인서

爲是今年再度初　　위시금년재탁초

小子[26]晚來作何意　　소자만래작하의

杜鵑群裏泣花車[27]　　두견군리읍화차

---

26) 小子 : 周公
27) 花車 : 풍류

제3부

삶의 자세와
時局을 걱정하며
/ 50대

충주진

이월에 중원의 천둥소리 처음 들려오더니

칠일간의 소식으로 천심을 분명이 보았노라

그러나 이것은 분명히 도깨비들의 망령이다.

진정한 國運은 아직 도래하지 않았구나

聞忠州陣 哀痛教　　丙申(1896년) 二月(음) 51세
문충주진애통교

中原二月始聞雷　　중원이월시문뢰

足見天心七日來　　족견천심칠일래

雖然鬼魅跳浪意　　수연귀매도랑의

爲是頑雲尚未開　　위시완운상미개

감춘

작은 정원에 봄갈이와 재배가 한창이니
천기가 한번 임하여 세차게 흐름이도다

석류꽃 아래에는 병아리가 삐약거리고
은행나무 사이에는 제비들이 날아다니네

저 가엾은 것들은 무슨 마음으로 즐거워하나
세인들은 깨닫지를 못하고 모두 방황하는구나

의기 충만하나 돌아와 책장 앞에 누운 저녁
중천의 밝은 달만이 어지러운 세상을 씻어내누나

感春　　甲午(1894년) 三月(음) 49세
감춘

小園春事孰栽培　　소원춘사숙재배
一任天機滾滾來　　일임천기곤곤래

石榴花下鷄兒唱　　석류화하계아창
銀杏樹間燕子回　　은행수간연자회

憐甭何心同活潑　　인용하심동활발
今人不覺共徘徊　　금인불각공배회

充然歸臥芸窓夕　　충연귀와운창석
霽月中天淡洗埃　　제월중천담세애

누산에서

화사한 산경에 마음을 빼앗기니
고개를 돌리 때마다 멍해지는구나

세상사에 통달하려면 정의를 우선하고
만권의 독서로 현명함에 이른다

약초로 무병 생활하는 것과 같으니
방비하지 아니하면 굶주림이 찾아오네

문득 초초함에 부끄러움을 느끼는 까닭은
산신령은 본래 속세의 연을 싫어함이리라

懷樓山[28]寓居　　丙申(1896년) 四月(음) 51세
회루산우거

| 華陽山色夢魂牽 | 화양산색몽혼견 |
| 面面回頭却惘然 | 면면회두각망연 |

| 一統春秋先正義 | 일통춘추선정의 |
| 萬卷詩禮主人賢 | 만권시례주인현 |

| 猶可採芝無病日 | 유가채지무병일 |
| 不妨拾橡[29]有飢年 | 부방습상유기년 |

| 愧我何心輕去就 | 괴아하심경거취 |
| 山靈也是厭塵緣(緣) | 산령야시염진연 |

---

28) 樓山 : 서울시 남산
29) 拾橡 : '상수리 줍다'로 가난을 의미

청화산青華山[30]에서 돌아오며

삼도가 청화산으로 모여들어 하나되는데
패군 잔병이 낙동강 근처에 다시 모이네

멀리서 함께 달을 보니 고달픔이 어떠하랴
한겨레이건 만 서로 싸우니 가련하도다

멀리 청산을 바라보니 전답이 유여하고
냇물은 서로 모여 삼도로 흘러가네

그러다 산비탈 끝자락에 호수가 있으니
가을바람에 뗏목을 띄우기 한결 쉬워 보이네

---

30) 青華山 : 충청북도 괴산군 청천면 소재

自靑華敗歸戱贈蓮谷 時蓮谷在三道峯
자청화패귀희증연곡 시연곡재삼도봉

三道靑華一路了　삼도청화일로료
敗軍復出洛南涯　패군부출락남애

那識雨風千里月　나식우풍천리월
可憐簾溷一枝花　가련렴혼일지화

遙望靑山餘幾畝　요망청산여기무
相隨流水又三家　상수류수우삼가

不然阿季西湖岸　불연아계서호안
容易秋風叟泛槎　용이추풍갱범사

충청북도 괴산군 청천면 청화산

송자묘 알현·1

오호라 송부자님의 묘로구나
만고에 정의로움이 빛나네

나는 공자님을 뵈옵지 못하였고
누가 朱子의 가르침을 전하였나

삼천리 강토를 찬란하게 빛내시고
이백 년 역사에 모범을 보이셨네

금일 소생이 눈물이 나오니
法統이 무너지고 있다네

過靑川謁宋子墓　　丙申(1896년) 九月(음) 51세
과청천알송자묘

嗚呼夫子墓　　　오호부자묘
萬古正嵬然　　　만고정외연

仲尼吾未見　　　중니오미견
晦父孰爲傳　　　회부숙위전

華夏[31](禮義)三千里　화하삼천리
春秋二百年　　　춘추이백년

小生今日淚　　　소생금일루
一脉又腥羶　　　일맥우성전

---

31) 華夏 : 중국인이 자국을 자랑스러워하면서 한 말. 가정습록 원전에는 禮義로 고쳐져 있음

송자묘 알현·2

청산이 통곡하며 향 연기가 피어오르는데
이 업은 어찌 묘 앞에서 문인석이 되었나

옛 선왕께서 어느 땅을 잃기라도 하셨나
부모님 나를 낳아 스스로 저승에서 나왔거늘

하물며 내게 황령이 오르락내리락하는 것 같다
지금 귀신이 어찌 감히 돌아다니는가.

만약 가노를 묘에서 나오게 한다면
춘추의 부월鈇鉞[32]로 먼저 다스림이 옳지 않다

---

32) 鈇鉞 : 채찍에 견주어 잔인한 죽임 (鈇鉞) 아내가 말했다. "제가 듣기로 술 담그고 고기 기르는 자들은 채찍으로 따르게 하고. 관직과 녹봉을 주는 자는 부월(鈇鉞)로 따르게 한다고 하였습니다. 지금 선생은 남이 주는 술과 고기를 먹고, 남이 내리는 관직과 녹봉을 받으면 남의 다스림을 받게 됩니다. 어찌 환난을 면할 수 있으리오! 저는 남의 다스림을 받을 수 없습니다." 삼태기와 명아주를 버리고 떠났다. [출처] 賢明傳 · 楚接輿妻, 楚老萊妻, 楚於陵妻

宋子墓上見黃廟³³⁾ 今一行痛哭口號
송자묘상견황묘 금일행통곡구호

靑山痛哭炷香烟　　청산통곡주향연
李鄴³⁴⁾胡爲石獸前　　이어호위석수전

先王舊制抛何地　　선왕구제포하지
父母遺形自絶天　　부모유형자절천

況我皇靈猶陟降　　황아황령유척강
今渠鬼魅敢周旋　　금거귀매감주선

若使家奴塚中出　　약사가노총중출
春秋鈇鉞甬當先　　춘추부월용당선

---

33) 黃廟 : 명나라 영락초(1403) 재건되어 「대문수사」라 이름을 바꿨고, 일반적으로 보살정으로 불렸다. 명나라 萬曆帝 9년(1581년) 다시 보수되었고, 청나라 강희제 23년(1684)과 30년(1691)년에 두 번 보수되었고, 이때 황궁의 구조를 본땄다. 두 번째 보수 기간에 강희제가 모든 지붕을 노란색 자기 기와로 덮을 것을 명하였고, 이는 황제에 소속되는 건물이라는 뜻이어서 다른 절들과는 구별되는 점이다. 강희제 44년(1705)부터 티벳 라마승들이 살기 시작하여 황제가 사는 절 黃廟가 되었다.

34) 李鄴 : 성호사설 經史門中 四如給事, 송 휘종(宋徽宗) 시대에 오래전 거란족에게 빼앗긴 연운 16주를 되찾으려고 하였는데 바다를 건너 드디어 여진족과 해상 동맹을 맺게 되었다. 給事 李鄴이 金 나라에 사신으로 갔다가 돌아와서 말하기를, "금나라 사람은 말을 타는 데는 용과 같고 걷는 데는 호랑이와 같으며, 물을 건너는 데는 물개와 같고 성에 올라가는 데는 원숭이와 같다." 하였다. 그가 오랑캐의 형세를 너무 과장해서 말했다 하여 그를 四如給事라 하였다. 송시열의 상소문 중 내용중 領中樞府事 宋時烈(김장생의 문하생)이 從祀하는 일을 논하면서 두 賢臣이 무고를 당한 상황을 분변하고, 또 先正臣 金長生을 아울러 종사하는 반열에 올리도록 청하였다. 그 疏에 대략 이르기를, 이와 같은 유의 말들은 헤아릴 수 없이 많은데, 마지막에 말하기를, '龜山이 佛氏에게 張皇한 형세는 李鄴이 金虜에게 당황한 것과 같았다.' 하였다고 전한다.

웅도

웅도 굴뚝에서 연기가 외롭게 피어오르더니

돼지봉우리에 모두 모이네

길게 뻗쳐 무한정 흘러내려 가더니

갑자기 회오리바람이 일어나니 흐름을 멈추네

望蟬接
망선접

熊島[35]孤烟出   웅도고연출

猪岑募兩收   저잠모양수

蟬接云何境   선접운하경

飄然障下流   표연장하류

---

35) 熊島 : 충청남도 서산시 대산읍에 있는 작은 섬

영인산[36]에서

영인산 아래 십 리 들녘
서해를 따라 마주하고 달리네

겹겹이 냇물을 삼키고 토해낼 때
산들은 첩첩이 들녘을 가르네

사람들은 비록 좁다고 말하나
이 세상 막힘이 없어라

새벽 일찍 늙은 사공이 배를 대며
힘에 부쳐 시름겨워하누나

中秋與春史(洪在淳)蓮谷(盧正燮)暉山(李庸信)遊下都
중추여춘사(홍재순)연곡(노정섭)휘산(이용신)유하도

| 十里靈仁下 | 십리령인하 | 一支西海間 | 일지서해간 |
| 重重呑吐水 | 중중탄토수 | 疊疊斷連山 | 첩첩단련산 |

| 今人雖曰陋 | 금인수왈루 | 此世莫如閑 | 차세막여한 |
| 篙師須早泊 | 고사회조박 | 風雨動愁顔 | 풍우동수안 |

---

36) 靈仁山 : 충청남도 아산시 영인면 소재

중방읍에서

여뀌꽃 핀 강어귀에 돛단배 많은데
주점들이 버드나무 사이에 자리하고

쓸쓸한 강에 등불이 물속에 잠길 때
물 빠진 갯벌에 둥근달 산 위에 떴네

미풍은 살랑살랑 불어오누나
해 저물어 지팡이 내려놓고 주점에 드니

술 취한 노인네가 잠자다 벌떡 일어나
술 냄새를 풍기며 표정을 가다듬누나

翌日投宿中方酒店
익일투숙중방주점

百帆紅蓼岸　백범홍료안　　數店綠楊間　수점록양간
江空燈在水　강공등재수　　潮落月留山　조락월류산

微風商舣動　미풍상고동　　倒景客筇閒　도경객공한
蹴起酒翁睡　축기주옹수　　淸香忽入顔　청향홀입안

감회에 젖어

아이를 도원에 보내니
가을이라 길은 잃지 않겠구나

달이 뜨니 새벽에 물이 들어와
저녁에 돛 올려 바람 타고 西向하니

바다는 넓은데 고기는 없고
하늘은 높은데 기러기 울며 나르네

가을 달밤에 언덕을 배회하니
白露가 내려 갑자기 처량하구나

懷啓述
회계술

送子桃源去	송자도원거	秋來路不迷	추래로불미
晨潮隨月上	신조수월상	夕帆向風西	석범향풍서
海闊魚無信	해활어무신	天空鴈有啼	천공안유제
徘徊秋月岸	배회추월안	白露忽淒淒	백로홀처처

소나기

한낮에 폭염 때문에 홀로 집에 머무는데

찜통 열기가 비를 몰고 와 돌연 퍼부으니

가련한 소나무 아래 물이 넘치네

이제야 조금 시원함을 느끼겠구나

大暑驟雨
대서취우

日中畏炎獨寄欄　　일중외염독기란

火龍驅雨忽飛湍　　화룡구우홀비단

却憐松下涓涓水　　각련송하연연수

添得今宵幾度寒　　첨득금소기탁한

청절사37) 참배

이백리 여정이 여유가 넉넉하다
바닷길 산길 끝나니 푸르름이 아득하여라

흘러가는 구름과 시내가 우리 동네와 비슷하도다
삼대를 淸節祠에 모시니 누구의 공로인가

景安公 사당은 배나무 옆에 낡은 채로 있고
은행나무 앞 處士公 사당은 이끼로 덮였다네

조상을 받드는 일이 어찌 이 지경이 되었는가
훌륭하신 선조들께서 수난을 당하시는구나

---

37) 淸節祠 : 충청남도 서천군 비인면 남당리 소재한다. 杞溪俞氏 5인의 위패를 모신 사당으로 숙종 36년(1710)에 사당을 처음 세울 당시에는 기계유씨 중 서천 비인 지역에 처음으로 정착한 서호산인 유기창(俞起昌, 1437~1514)과 예조판서를 지낸 그의 아들 景安公 유여림(俞汝霖, 1476~1538)의 위패만 모셨다. 이후 공신에 책봉된 손자 忠穆公 유홍(俞泓, 1524~1594), 병자호란 당시 척화파였던 6손 유황(俞榥, 1599~1655), 예학에 정통했던 유계(俞棨, 1607~1664) 등을 추가하여 제향해왔다. 고종 5년(1868)에 흥선대원군의 서원철폐령으로 문을 일시 닫았다가 고종 29년(1892)에 지역유림이 단을 설치하고 제향을 지내고 있다. 사당의 규모는 앞면 3칸, 옆면 2칸의 맞배지붕이다. 뒤편에는 고종 36년(1899)에 세운 5개 비석이 있으며, 재실 겸 강당으로 사용하는 모청재가 있다. 충청남도에서 2008년 4월 10일 충청남도 문화재 자료 제399호로 지정하고 서천군에서 진입도로와 재실을 대대적으로 정비하였다. 아울러 청절사 인근에 조선 중종 때 여성 시인인 임벽당 정원을 조성하여 문인들을 맞이하고 있다. 임벽당은 기묘사화 때 서천 비인으로 은거한 處士公 俞汝舟(汝霖의 弟)의 부인으로 신사임당, 허난설원과 더불어 조선 시대 3대 여성 시인이다.

中秋携舜兒省掃祖墓 　丁酉(1897년) 52세
중추휴순아성소조묘

| 二百里程不見忙 | 이백리정불견망 |
| 海山盡處忽蒼茫 | 해산진처홀창망 |

| 一區雲水吾家境 | 일구운수오가경 |
| 三世香壇孰主張 | 삼세향단숙주장 |

| 梨花亭畔黃梁熟 | 이화정반황량숙 |
| 杏樹庭前翠蘚荒 | 행수정전취선황 |

| 先考新封竟何是 | 선고신봉경하시 |
| 臨風揮樹沸琳琅 | 임풍휘수제림랑 |

충청남도 서천군 비인면 남당리 청절사

장난삼아 연곡에게

청화산 속에 피어난 연꽃 한 송이

밤새 비바람에 하늘가에 떨어졌네

망망대해에 뿌리내릴 곳 없구나

지금 누구를 주돈이와 견줄 수가 있나.

戲贈蓮谷
희증연곡

靑華山中一朶蓮　　청화산중일타련

夜來風雨落天邊　　야래풍우락천변

茫茫湖海無根着　　망망호해무근착

此世何人茂叔[38]賢　차세하인술숙현

---

38) 茂叔 : 주돈이의 字. 북송의 유학자로서 우주의 원리와 인성에 대한 유교 이론을 체계화했다.

여름밤에

맑은 하늘에 積水와 달이 떴는데

저녁 바람이 낙엽을 뿌려대누나

지붕이 헤어져 날리니 가련하구나

늙은이가 손수 손보고 있다네

夏夜有感
하야유감

積水³⁹⁾虛明月　적수허명월

晩林灑落風　만림쇄락풍

却憐荒頓屋　각련황돈옥

予是主人翁　여시주인옹

---

39) 積水 : 28수 별자리 중 스물두 번째 별자리인 井宿 별자리에 있음. 공평분배. 물의 재앙을 주관한다 함

재회

가을바람이 옛날 순수하던 학창시절을 요동시키누나
그 옛날 외롭게 탐구하던 밤은 아직 끝나지 않았네

비록 만물을 生하는 천체의 운행은 항상 되풀이된다지만,
어찌 이 초라한 곳인들 별자리의 변화가 없었겠는가

죽고 사는 일을 가벼이 해서는 안 될 일이다
어찌 用舍行藏에만 매달려 처신할 것인가

가련한 두 늙은이가 다시 한번 깨닫게 되누나
책상에 가득한 풀벌레 소리에 처량함이 더하도다

聞蓮谷將向大山秋夜寄懷 　丁酉(1897년) 52세
문연곡장향대산추야기회

| 秋風吹撼遠淸堂 | 추풍취감원청당 |
| 遙夜孤懷也未央 | 요야고회야미앙 |

| 縱有仁天常覆下 | 종유인천상복하 |
| 奈無露地輒掀房[40] | 내무로지첩흔방 |

| 却爲死生輕去就 | 각위사생경거취 |
| 豈因用舍任行藏 | 기인용사임행장 |

| 同病憐翁還發省 | 동병련옹환발성 |
| 滿床虫語不勝涼 | 만상충어불승량 |

---

40) 房 : 28수 별자리의 하나

처량한 밤

쓰러져가는 집안과 나라를 걱정하는 밤
찬 이슬이 옷자락에 배어들어 처량하구나

발 사이로 보이는 갈대꽃은 어지럽고
등불에 푸른 대나무 그림자가 듬성듬성한데

바람에 흩날리는 꽃들은 맥을 추지 못하고
(종인 죽어 이산자가 많고)
난리 후 선영의 관상수도 훼손되었구나
(난리 후 선영의 관상수가 망가졌네)

집안일과 나라의 흥망이 걱정이로구나
누워서 모였다가 흩어지는 구름을 보노라

夜宿墳庵
야숙분암

永慕齋深天四虛[41]　영모재심천사허
凄凄霜露襲衣裾　처처상로습의거

簾間生白蘆花亂　염간생백로화난
燈外紆靑竹影疎　등외우청죽영소

花樹飄零貧病後(宗人死亡離散者多)
화수표령빈병후(종인사망이산자다)
松楸搖落亂離餘(東亂後松楸盡赭)
송추요락란이여(동란후송추진자)

悠悠家國興亡事　유유가국흥망사
臥看汀雲自捲舒　와간정운자권서

---
41) 虛 : 별자리 28수의 하나. 빈집 별자리. 죽음을 의미

의기를 다지며

내에 찬물이 불어나 하늘을 품은 듯 푸르니
仙人이 있어 양 옷깃을 여미고 있구나

우리 화서 문인들은 언제나 법통을 세우려나
花浦의 불굴 대의를 후학에 講述하며

천 리 먼 곳에 서찰을 보내니 추풍이 일고
깊은 밤에 비 내리는 것도 마다하지 않았네

인심을 바로 세워 되돌릴 수 있음을 익히 알고 있으니
가르침에 열중하면 시국 변천에 굴복하지 않으리라

宿尹希堂(錫鳳)家復用前韻
숙윤희당(석봉)가부용전운

寒川積水碧涵虛　　한천적수벽함허
中有仙人整兩裾　　중유선인정량거

檗門[42]何日趨繩尺　　벽문하일추승척
花浦[43]殘年講緒餘　　화포잔년강서여

遣書千里[44]秋風起　　견서천리추풍기
聯枕三更夜雨踈　　연침삼경야우소

也識人心回造化　　야식인심회조화
肯敎氣運任慘舒　　긍교기운임참서

---

42) 檗門 : 이항로 문인 화서학파
43) 花浦 : 병자호란 직후 瀋陽으로 압송된 삼학사 洪翼漢
44) 遣書千里 : 希堂이 遼東 유인석에 서찰을 보냄

나의 詩

밤기운이 맑고 밝으니 詩를 쓰고 싶어지누나
내 詩가 조금이나마 남보다 나아 보인다면

비가 그쳐서 밝은 달에 의지함 때문이라
하늘가에 구름이 남아 적막하니 걱정되네

침상에서 닭 울음소리를 듣고 正邪을 판별하고
침상 머리에 앉은 파리를 보면서 輕重을 분별함은

事物에 內在한 본연의 묘한 이치를 알아야 하겠지만
오묘한 일들은 삼가 경계하여 아직 들어보지 못했노라.

霽夜次諸益韻寄示
제야차제익운기시

夜氣虛明暗動文　야기허명암동문
介然肩次若超群　개연견차약초군

雨餘呈露依然月　우여정로의연월
天際還愁寂若雲　천제환수적약운

枕上鷄鳴邪正判　침상계명사정판
枰頭蠅坐輕重分　평두승좌경중분

要知這裏本然妙　요지저리본연묘
戌謹湏從不覩聞　술근회종불도문

달 밝은 밤에

비로소 산에 비가 그치니 깨닫는 바가 있도다
달이 사방을 밝게 비추니 보는 이는 잠 못 이루고

지난밤 일을 회상하니 모두가 어두운 역경뿐이구나
오늘에서야 맑은 하늘을 보니 그간 일을 알겠노라

밝은 햇볕을 받지 못했음이 애석하여라
그동안 무엇을 修學했는지 부끄럽기만 하구나

맑은 밤 베개에 기대어 근심 걱정 속에 빠지니
청량한 풀벌레 소리만이 정겹게 들리는구나

霽夜奉和春史寄示韻
제야봉화춘사기시운

山雨初晴覺灑然　　산우초청각쇄연
主人未宿月明邊　　주인미숙월명변

回想徃宵皆黑地　　회상왕소개흑지
耶知是日見靑天　　야지시일견청천

惜子不逢强壯日　　석자불봉강장일
愧吾何學拙修年　　괴오하학졸수년

淸凉半枕悠悠夢　　청량반침유유몽
一任虫聲碧語烟　　일임충성벽어연

섣달 그믐날에

세월이 덧없이 흘러 산과 호수의 경치는 날로 새롭고
화려하게 우거져 흠뻑 빠져드니 할 말이 없구나

정처 없이 떠도는 곳에 즐거운 시절이 있을 리 없고
난리 후 내일도 모르는데 하물며 정초인들 오죽하랴

다만 등불 아래서 詩文과 유독 친하니 위로가 되며
아우들이 늠름하게 옆에 있으니 마음 놓이는구나.

이웃이 어려움에 처하여 힘겹게 사는 노인네가 가여워
안부를 묻느라 자주 사립문으로 향하네

除夕述懷
제석술회

荏苒湖山歲色翻　임염호산세색번
菁然感極欲無言　청연감극욕무언

客中到處無佳節　객중도처무가절
亂後明朝況正元[45]　난후명조황정원

要慰偏親燈下誦　요위편친등하송
却疑群弟座邊喧　각의군제좌변훤

辛動獨被隣翁愛　신동독피린옹애
每向山扉輒問存　매향산비첩문존

---

45) 正元 : 정초, 새해

동생들과

오늘 저녁 동생들에게 어찌 사는지 또다시 묻는다
隱者의 처지에서 서로 대하니 묘연하기 그지없다

난중이라 형제라도 모이기가 매번 어렵구나
조상을 그리는 마음은 쉽게 잊을 수 있다지만,

살림에 고생하는 가족에게는 좀 더 친절하려하나
시골에 살다 보니 집안 살림에 역시 소홀하구나

떠돌이 기러기들은 옹옹거리며 어디로 날아가나
말문마다 눈물이 글썽하니 글을 마치지 못하네

元朝述懷寄諸弟 戊戌(1898년) 53세
원조술회기제제

問君今夕復何居　　문군금석부하거
湖海相望極渺然　　호해상망극묘연

亂中骨肉常難聚　　난중골육상난취
老去情懷却易虛　　노거정회각이허

米鹽[46]契活[47]尤親切　미염계활우친절
山水經營亦濶踈　　산수경영역활소

征鴈雝雝何處至　　정안옹옹하처지
一聲一泣未成書　　일성일읍미성서

---

46) 米鹽 : 쌀과 소금이라는 뜻으로, 식생활에 없어서는 안 될 물건을 비유적으로 이르는 말
47) 契活 : 살아가기 위해 애쓰고 고생함

人日 아침에

오늘이 人日이로구나
기이하게도 진눈깨비가 펑펑 쏟아지네

비록 저속하고 황당한 거짓말이지만
어리석은 마음은 진실로 두려워하네

굶주린 해 뒤에는 병마가 찾아오고
어지러움 뒤에 적들이 쉽게 요동치네

사람들이 어찌 죄를 지어 사리에 어그러지나
하늘의 뜻은 알고 보면 정말로 아득하여라

人日[48]曉起
인일효기

今日卽人日　　금일즉인일
恠來雨雪雱　　괴래우설방

俚說雖荒誕　　이설수황탄
痴心實恐惶　　치심실공황

飢後民恒病　　기후민항병
亂餘敵易張　　난여적이장

蒼生何罪戾　　창생하죄려
天意果茫茫　　천의과망망

---

48) 人日 : 예전에는 음력 1월 7일을 人日이라 하여 사람을 소중히 여기는 관습이 전해져 왔다. 人日은 사람 날이라 하여, 이날은 일하지 않았으며, 나라에서는 이날 과거시험을 보기도 하였다. 지금은 거의 완전히 사라진 풍속이지만 정초에는 남의 집에 가서 유숙하지 않고, 특히 人日에는 밖에서 잠을 자지 않았다 하며, 충청북도에서는 이날 객이 와서 묵고 가면 그해는 연중 불운이 든다고 믿었다

나라를 걱정하며

지난밤 봄바람이 눈 덮인 숲을 뒤흔들었는데
우리는 보기만 할 뿐 아무 일 못 하고 있네

계곡의 얼음을 천천히 녹여 다시 시작해 보려는데
창문의 채광이 미약하여 다시 얼까 두렵다

오래 사장된 피리와 북에서 소리가 날지 의문이나
돌연 훌륭한 음률이 들려오니 다시 생각이 깊어지네

오래된 큰절에 다시 한번 유람할 것을 약속하세
봄옷을 두려는가 달밤에 다듬이질 소리가 들린다

與暉山拈社韻
여휘산점사운

昨夜春風動雪林　　작야춘풍동설림
冲然群象眼中森　　충연군상안중삼

澗氷漸釋還初水　　간빙점석환초수
窓昱微溫恐轉陰　　창귀미온공전음

久藏篁皷疑無韻　　구장황고의무운
忽聽韶勻更有心　　홀청소균갱유심

源源山寺重遊約　　원원산사중유약
觧送春衣月下砧　　해송춘의월하침

유학을 걱정하며

두 마리 학이 긴 제방에 내려앉으니
밤새 탄식 소리가 처량하기 짝이 없구나

우리가 삼재팔난에 처하기라도 했나
어찌하여 우리의 道는 길을 잃고 헤매고 있는가

지난겨울 단단한 눈은 꽁꽁 얼어붙고
人日 저녁 노을은 서쪽으로 사라지누나

가고 또 가고 오고 또 오다 보면 깨닫게 되고
찬 물줄기가 다시 따뜻한 냇물을 받아들이겠구나

春史家逢蓮谷暉山掂社韻共賦
춘사가봉연곡휘산점사운공부

翩然二鶴下長堤　　편연이학하장제
徹夜寒聲樸被淒　　철야한성박피처

吾儕共値三灾厄　　오제공치삼재액
斯道胡爲七聖迷　　사도호위칠성미

客冬頑雪猶厓北　　객동완설유애북
人日殘暉又牖西　　인일잔휘우유서

去去來來相續意　　거거래래상속의
寒流更聽院南溪　　한류갱청원남계

儒學에 대한 바람

구학산 깊은 곳에 검은 휘장이 드리우고 있네
공자의 빛나는 가르침은 오랜 세월 철옹성이었으며

고귀함으로는 하늘 아래에 견줄만한 무리가 없었으니
그 가르침을 더욱더 발전시킨 석학들은 그 얼마인가

上古로부터 그 연원이 한 번도 멈춘 적이 없었는데
하물며 지금 그 맥을 안일하게 옛날에만 의지할 건가

바라건대 이론을 더욱 발전시켜 서양에까지 전파하고
봄바람에 파도를 가르며 凱旋하는 儒學으로 거듭나길

和孔龜山韻
화공구산운

龜鶴山深下墨帷　　구학산심하묵유
聖師華胃⁴⁹⁾遠哉徹　성사화위원재철

貴爲天下無雙族　　귀위천하무쌍족
學得人間第幾機　　학득인간제기기

窮古淵源終不墜　　궁고연원종불추
況今血脉又因依　　황금혈맥우인의

願言耎理西江楫　　원언갱리서강즙
洙泗⁵⁰⁾春風泛泛歸　수사춘풍범범귀

---

49) 胃 : 별자리 28수중 가르침과 교화와 관련됨
50) 洙泗 : 공자의 학풍

섣달 그믐날 저녁에 이웃 친구와

기해년은 신령의 공덕을 빌어야 하는 해이다
365일 중 오늘 밤에

새 생명을 살리는 和氣가 東으로 북두칠성을 돌아
陰氣가 極에 달하여 가혹한 북풍이 불어오네

향기로운 술통도 급히 따르니 큰 술잔이 가련하고
뒤늦게 피어난 꽃은 시든 꽃을 애석해하누나

가장 한스러운 일은 정처 없이 떠도는 일이니
돌고 도는 이치를 하늘에 물어보노라.

次隣友除夕韻　己亥(1899년) 54세
차린우제석운

惟年己亥歛神功　유년기해감신공
三百期周此夜中　삼백기주차야중

和氣方生東轉斗　화기방생동전두
窮陰何酷北來風　궁음하혹북래풍

徑酌椒尊憐大白　경작초존련대백
謾挑花燭惜殘紅　만도화촉석잔홍

最恨浮生無定處　최한부생무정처
循環一理問天翁　순환일리문천옹

백년가업

이월 봄에 미호천에 대하여 들었는데
예의와 법도가 넉넉하여 인품을 이루는 始原이라

노인의 忠直속에 가문의 명성이 오래 빛나고
노인의 보살핌에 의한 전통이 脈의 진수여라

백년 家業의 터전은 오늘에 달려있으니
三代의 德을 이루려거든 현재의 모습을 보라

평상시나 특별할 때나 구분 없이 서로 사랑함이니
名門家를 指向하여 칭찬하는 말을 새롭게 하여라

追次李光泰三加韻
추차이광태삼가운

聞說美湖正歲春　　문설미호정세춘
優優禮數始成人　　우우례수시성인

撲翁忠直家聲古　　박옹충직가성고
屛老淵源路脉眞　　병로연원로맥진

百年基業從今日　　백년기업종금일
三代威儀見此辰　　삼대위의견차진

尋常社燕猶相愛　　심상사연유상애
爲向華堂賀語新　　위향화당하어신

소나무 골에서

무성한 저 소나무 그야말로 소나무 골이로다

떠돌이 새들은 어찌하여 돌아오지 않는가

묻으니 내 마음을 아는 듯 모르는 듯

깨닫지를 못하고 길가에 서서 눈물만 흘리네

過松谷舊館有感
과송곡구관유감

菀彼蒼松松谷陽　　울피창송송곡양

羈禽何事却回翔　　기금하사각회상

問渠能鮮吾心否　　문거능해오심부

不覺泫然立路旁　　불각현연립로방

칩거

몇 길이나 되는 고택에 사는 칠척신이

평시에 오직 진실됨으로 천지에 俯仰하여 살았거늘

지금에 이르러 집에 머물면서 머리를 들 수 없게 되었네

설령 새로운 冠을 쓴다 해도 결국 蟄居하게 되겠구나

着新冠出門蟄角有感而賦
착신관출문칩각유감이부

數仞高堂七尺身　　수인고당칠척신

平時俯仰坦由眞　　평시부앙탄유진

通來寓屋難矯首　　통래우옥난교수

縱着新冠便蟄巾　　종착신관변칩건

쌍오동

한 쌍의 오동나무는 한 어미에서 나왔고
누가 형이고 동생인지 구분하기도 힘들도다

몸을 나누어 비록 마주 서 있지만
가지들이 마주쳐도 역시 다투지 않네

바람과 서리에 같이 마음 아파하고
비와 이슬에 함께 즐거워하네

사람들은 어찌하여 서로 반목하는가.
서로 나뉘어 자신들만 생각함이겠지

雙梧感志　辛丑(1901년) 56세
쌍오감지

雙梧生一本　쌍오생일본
難弟又難兄　난제우난형

分體雖相對　분체수상대
交柯亦不爭　교가역부쟁

風霜同受悴　풍상동수췌
雨露共敷榮　우로공부영

人性何相反　인성하상반
東西各料生　동서각료생

개심사에서 · 1

아 상왕산에 유적이 있구나
석가의 가르침은 본시 정이 없으니

은밀하게 들어앉아 하늘마저 가렸네
숲이 조금 트인 곳으로 땅이 좀 평평하니

수도승만이 수행 정진하고
정제된 영혼으로 밤을 맞는다

암자 앞 샘물만이 깊은 뜻을 간직하고
땅속 아득한 곳으로 이승을 떠나는구나

충청남도 서산시 운산면 신창리 개심사

三月少晦陪二丈上開心寺[51] 辛丑(1901년) 56세
삼월소회배이장상개심사

象王[52]烏有跡　상왕오유적
般若本無情　반야본무정

境僻天還小　경벽천환소
林疏地轉平　임소지전평

東君[53]春欲謝　동군춘욕사
南極[54]夜應傾　남극야응경

多意菴前水　다의암전수
遙遙送此生　요요송차생

---

51) 開心寺 : 충청남도 서산시 운산면 소재
52) 象王 : 개심사 뒷산
53) 東君 : 젊은이(명리학)
54) 南極 : 장년의 끝자락(명리학)

개심사에서 · 2

해탈 열정에 무한정 앉아서
저승 걱정에 무아지경이라

속세를 끊고 선경에 머무르고자 하니
작은 연못도 미동조차 하지 않는구나.

나막신 끄는 소리에 물소리 끊어지고
술자리가 길어지네

돌아갈 먼 길을 생각할 때
산 능선에 옅은 연기가 피어오른다

又

坐久空門[55]午　좌구공문오
悠然物外情　유연물외정

斷壑歸雲逗　단학귀운두
小塘止水平　소당지수평

筇展渾忘若　공극혼망약
杯尊不覺傾　배존불각경

歸來遙想境　귀래요상경
林末淡烟生　임말담연생

---

55) 空門 : 불교를 달리 이르는 말

용유대에서·1

용이 언제 놀다 갔나 물어보며
단장 집고 올라서니 앞길이 막혔네

오른쪽은 물이 휘감고 바위들은 벼락을 맞은 듯
수면 위로는 짙은 물안개가 일고 있네

시골에서 후일을 기약하며 논의하였으나
반나절이 지나도 이렇다 할 결과가 없구나.

논의를 마쳤을 때 풍경이 다시 새롭게 보이니
봄기운에 황홀경이라 말할 수 있다네

龍遊坮[56]行約後與諸友共賦　辛丑(1901년) 56세
용유대행약후여제우공부

龍遊龍去問何年　용유룡거문하년
短杖登臨不敢前　단장등림불감전

漩右石痕轟霹靂　선우석흔굉벽력
至今波面暗雲烟　지금파면암운연

一鄕有約於中會　일향유약어중회
半日無言以外緣　반일무언이외연

伐木[57]歌終山更碧　벌목가종산갱벽
謁然春意洞中天[58]　알연춘의동중천

---

56) 龍遊坮 : 충청남도 서산시 음암면 유계리(도당천) 소재(현재는 하천정비사업으로 아름답던 옛 모습이 사라짐)
57) 伐木 : 詩經 伐木篇의 친구 간의 우정을 노래한 詩에 비유함
58) 洞中天 : 신선이 산다고 하는 명산 승경

용유대에서 · 2

아름다운 용유대의 하루가 일 년 같으니
햇빛과 구름 그림자가 앞에 있음이라

양옆에 도화 만발하고 물고기는 물결을 일으키며
버드나무는 바람에 날리고 새들은 물안개를 휘젓는구나.

훌륭한 가문에서 아름다운 풍속이 커가거늘
부평초 인생들은 연줄에 기대어 의탁하네

술잔을 기울이며 아무리 타일러도
이런 일들이 천명임을 누가 알랴

又

溪坮勝日日如年　　계대승일일여년
雲影天光共在前　　운영천광공재전

桃花兩漲魚吹浪　　도화량창어취랑
楊柳風微鳥曳烟　　양류풍미조예연

藍田[59]美俗皆同志　　남전미속개동지
萍水浮生幸托緣　　평수부생행탁연

把酒諄諄相戒語　　파주순순상계어
誰知此事亦原天　　수지차사역원천

---

59) 藍田 : 중국 산시성 남전현의 동남에 있는 산으로, 예로부터 美玉의 산지로 유명하다. 吳나라의 諸葛恪이 어릴 때부터 재주가 뛰어나 孫權이 만나보고는 그 아버지 瑾에게 '藍田生玉이 참으로 헛된 말이 아니구나.' 하다. <三國吳志諸葛恪傳>

류해남 수연·1

어른께서는 무슨 덕으로 오늘의 영화를 누리시오.
내 또다시 술잔을 멈추고 하늘에 물어봅니다

을사년에 충신과 현인들이 모두 화를 당했을 때
갑신년의 참화도 혼자만이 정황을 알고 피해갔으니

멀리에서 바라보는 쓸쓸한 내 마음을 누가 잠재우리오
하동 댁의 법도가 자자손손 이어져 내려오니

장차 찾아올 복도 더욱 애석하다고 말하고 싶으오
대대로 화려한 집에서 이 같은 잔치 베풀길

柳海南壽筵韻　癸卯(1903년) 58세
류해남수연운

翁今何德享斯年　옹금하덕향사년
我且停杯一問天　아차정배일문천

乙巳忠賢同禍後　을사충현동화후
甲申爻象獨知前　갑신효상독지전

遼左客心誰復奪　요좌객심수복탈
河東家法世相傳　하동가법세상전

願言更惜方來福　원언갱석방래복
歲歲華堂設此筵　세세화당설차연

류해남 수연·2

나는 일찌감치 행운의 해걸이를 믿어왔소
노인장의 행운이 다한 것을 어찌 알겠는가.

잠시 밝은 달 아래에서 한 자 적는다면
꽃 떨어지기 전에 편안히 술을 얻으려 하오

멀리 있는 동료들이 모두 노인을 가련히 여기네
家寶를 전하여 자손을 좀 더 즐겁게 하는 일 외에

지금 우리에게 무슨 다른 바람이 있겠는가
내년 봄에 이어질 잔치를 또 보게 되겠구나

又

早信我生纔隔年　　조신아생재격년
豈知翁甲已周天　　기지옹갑이주천

且可了書明月下　　차가료서명월하
顧安得酒落花前　　고안득주락화전

白首遙憐兄弟聚　　백수요련형제취
靑氈⁶⁰⁾尤喜子孫傳　　청전우희자손전

祇今吾輩他何願　　지금오배타하원
第看來春續此筵　　제간래춘속차연

---

60) 靑氈 : 先代로부터 전해진 귀한 유물. 晉나라 王獻之가 누워 있는 방에 도둑이 들어와서 물건을 모조리 훔쳐 가려 할 적에, 그가 "도둑이여, 그 푸른 모포는 우리 집안의 유물이니, 그것만은 놓고 가거라. (偸兒, 靑氈我家舊物, 可特置之.)"라고 하자, 도둑이 질겁하고 도망쳤다는 고사에서 유래함.《晉書 卷80 王獻之列傳 王獻之》

농가 탄식

하늘이 비를 내린 지 오래니
유월에 모내기하려는 데 어떻게 하나.

김매기 후 가뭄이 없는 것 아니고
추수 전에 서리가 내리기도 하지만

어찌하여 올해는 보리가 다 죽었나
저 묵혀있는 황량한 밭들은 어찌할꼬

앉아서 글만 읽는 늙은이가
말 못 하고 길게 탄식만 하고 있네

田家歎
전가탄

皇天久不雨　　황천구불우
六月尙移秧　　유월상이앙

鋤後非無旱　　서후비무한
鎌前不有霜　　겸전불유상

況今牟麥盡　　황금모맥진
奈彼草萊荒　　내피초래황

白首書生坐　　백수서생좌
無言歎息長　　무언탄식장

단구대에서

단구대 아래 시냇물이 잔잔히 흘러가는구나
가운데는 老婆의 白髮이 너울거리는 듯 출렁이네

누구나 顏淵의 道를 즐기고 소홀히 하지 않는다면
하늘 역시 높은 도덕적 품성을 응당 알고 계시리라

속세에 살면서 고귀한 삶에 머물고자 홀로 고민하니
池塘에 비친 둥근 달에 마음을 빼앗기지 않으면

어느 날 저녁 승화하여 훨훨 날아갈 수도 있으련만
이번 생애 남은 생을 어떻게 보내야 하나.

挽金丹洲 希濟
만금단주희제

丹邱臺[61]下水漣漣　단구대하수련련
中有婆娑皓髮仙　중유파사호발선

人誰不改顔淵[62]樂　인수불개안연락
天亦應知伯道賢　천역응지백도현

獨憐湖海歸雲逗　독련호해귀운두
却感池塘好月圓　각감지당호월원

一夕翩然乘化去　일석편연승화거
此生何以送餘年　차생하이송여년

---

61) 丹邱臺 : 충청남도 서산시 음임면 유계리(도당천) 소재
62) 顔淵 : 공자의 제자로서 덕행이 뛰어남

동생에게

단주는 나를 슬프게 하니 나의 말을 들어보려무나
해가 지면(망국) 구름(백성)은 비참한데 어디로 가려하나

오랜 세월에 喜悲는 진실로 모두 공허한 일이구나
가문의 興亡盛衰는 누구의 노력으로 이루어지는가.

두 조카의 혼인은 가문을 서로 묶는 일이니 중 하나
형으로서의 자애로움은 혼자만이 모르고 지냈구나

비록 그러하나 스스로 바르니 책망할 뜻 없고
상제는 슬픔에 차 꿋꿋이 잘못이 없나 반성하네

代李台松隱作[63]
대이대송은작

哀我丹洲聽我辭　애아단주청아사
日冥雲慘欲何之　일명운참욕하지

百歲悲歡誠汗漫　백세비환성한만
一門生死孰扶持　일문생사숙부지

兩侄婚姻重有約　양질혼인중유약
以兄慈愛獨無知　이형자애독무지

雖然自是無情責　수연자시무정책
上帝悲傷肯顧私　상제비상긍고사

---

63) 代作으로 동생에게 주는 글인 듯. 자신의 역할을 上帝의 역할에 비유

음덕

남극노인께서 임금께 절을 올리고 귀가하니
한가한 고택이 병풍과 휘장으로 단장되었구나

듣자니 자식이 증자처럼 부모를 봉양하고
어질고 착하여 효행에 싫증 내지 않으니

높은 관직을 역임한 분의 음덕이 두텁고
절기 뒤에 늦게 핀 그대의 잔향이 더 향기롭다네

이제 손자들이 장차 유학하여
성현도 기대해 볼 수 있지 않겠는가.

長洲李公(時宰) 壽筵韻
장주이공(시재)수연운

南極老人⁶⁴⁾拜帝歸　　남극로인배제귀
高堂整暇設屛幃　　고당정가설병위

聞子有餘曾晳⁶⁵⁾酒　　문자유여증석주
令人無斁老萊衣⁶⁶⁾　　영인무두로래의

赤幟⁶⁷⁾翁來餘蔭厚　　적치옹래여음후
黃花節後晚香肥　　황화절후만향비

況今令抱⁶⁸⁾方遊學　　황금령포방유학
爲聖爲賢亦可希　　위성위현역가희

---

64) 南極老人 : 고대 중국에서 南極星의 화신이라고 생각된 노인.
65) 曾晳 : 증자의 아버지로 이름은 點, 자는 晳이다.
66) 老萊衣 : 춘추전국시대 楚 나라의 노래자가 늙어서도 어린아이처럼 색동옷을 입고 부모를 기쁘게 해드렸다는 고사에서 온 말로, 부모에게 효도함을 뜻함.
67) 赤幟 : 붉은 깃발을 세운다는 뜻으로, 領袖가 되는 인물이나 地位를 비유하는 말
68) 令抱 : 남의 손자를 높여 이르는 말

농우

모두가 논밭 갈기에 나섰구나

때맞추어 내린 비에 사방이 넉넉하여라

둘러보니 갈아야 할 밭이 백 이랑도 넘네

누가 소의 뿔을 쓸모없다고 말했나.

乞牛
걸우

四隣耒耟興　　사린뢰사흥

時雨方優渥　　시우방우악

顧余百畝田　　고여백무전

誰謂甬無角　　수위용무각

가엾은 농부

혹시 비가 오려나 구름만 쳐다보네

먼 들녘에는 오히려 물이 넘치는데

내 논밭은 먼지만 수북이 쌓여있네

하루빨리 논갈이하여 풍년 들기를

憫農
민농

湯天雲或望　　탕천운혹망

堯野水猶洪　　요야수유홍

獨我尼帥土　　독아니수토

耕來日日豊　　경래일일풍

아쉬운 단비

비가 온 지 오십일도 넘어 날수를 세며 고대하건만

남풍이 사흘 불어도 왜 비가 내리지 않나

갑자기 비가 퍼붓더니 아침뿐 바로 그치니

杞國人의 근심이 어디 정해진 때가 있다더냐

旱餘小雨
한여소우

望雨五旬爭箇時　　망우오순쟁개시

南風三日又何遲　　남풍삼일우하지

俄然驟雨崇朝已　　아연취우숭조이

杞國憂傾[69]那有期　기국우경나유기

---

69) 傾杞國憂傾(기국우경) : 하늘이 무너지고 땅이 꺼지는 것을 염려하여 밥도 먹지 않고 잠도 자지 않았다.

늦게 피다

불쌍하게도 쓸모없는 고독과 가난이 따라다니며 즐기네

더구나 외모와 성품은 수양하는데 족히 깨끗하다

아침이 되어 갑자기 부엌에서 연기가 나는 것을 보니

오늘 하루 근심은 잊을 수가 있겠구나

憫晚出
민만출

憐甭孤貧從我遊　　연용고빈종아유

矧他姿性足淸修　　신타자성족청수

朝來輒望厨烟起　　조래첩망주연기

使我能忘一日憂　　사아능망일일우

추모 류동지 · 1

도비산 아래에서 사당을 둘러보았더니
琴樽의 지모가 빛나 후세에 전하였구나

쇠약한 시국에 公의 가문만이 흥하였으니
神이 도우니 어떤 일인들 不可하겠는가.

자손 중 여섯 명이 연이어 과거에 급제하고
삼대에 恩德을 입어 공적비가 세워졌네

파직되던 날도 후손의 광명을 내다보며
선생은 기반을 열심히 다지자고 말하였네

柳同知(達源)挽
류동지(달원)만

睠被桃肥山下祠　　권피도비산하사
琴樗翼翼厥謨貽　　금저익익궐모이

唯公崛起中衰後　　유공굴기중쇠후
何事不成神到時　　하사불성신도시

六郎科慶眞連璧　　육랑과경진련벽
三世恩榮可讀碑　　삼세은영가독비

遙識重泉歸拜日　　요식중천귀배일
先生肯曰粢其基　　선생긍왈재기기

추모 류동지 · 2

공의 진실한 은덕이 어떤지 내가 알 수 없고
그 재주와 뜻한 바를 모두 따라잡기는 부족하나

뒤늦게 청빈하게 살면서 필사하여 본받으려 하오
우선 經書를 근본으로 사심 없이 전력하고 있소

평범한 늙은이가 어찌 늘 마음에 담아두리오
굶주림에 의문을 갖고 新書를 몇 번 읽었지만,

잘못된 글들이어서 미련을 버리고 정리하였소
남당에 밝은 달이 천천히 지나가려는 듯하오

又

如公實德我何知　　여공실덕아하지
知才之志蓋莫追　　지재지지개막추

晩錄皆從咬菜做　　만록개종교채주
眞心先獲伐檀辭[70]　진심선획벌단사

尋常老物奚存念　　심상로물해존념
幾到新書數問飢　　기도신서수문기

一曲籤歌終訣意　　일곡첨가종결의
南塘曉月故遲遲　　남당효월고지지

---

70) 伐檀辭 : 詩經에 나오는 탐욕스러움을 풍자한 詩

추모 이은률·1

호수 위에 날개를 편 듯이 소박하게 자리한 집에서
주인께서는 무슨 덕으로 壽福康寧하신지요

모진 바람처럼 殷山의 죄를 용서치 않았고
조정의 위신을 살리고자 높은 벼슬도 사양하였지요

하찮은 적도들이 장차 교활하여 짐을 탄식하고
돌아와 물고기 새들과 즐기니 노닐기에 족하여라

이제 도성의 운수가 다시 좋아지니
북망 상경하여 임금님을 뵙게 되리라

李殷栗(鉉鶴)挽
이은률(현학)만

湖上翼然樸直堂　　호상익연박직당
主人何德壽而康　　주인하덕수이강

風稜不貸殷山隷　　풍릉부대은산례
朝體能辭政府郞　　조체능사정부랑

噫彼犬羊方狡猾　　희피견양방교활
樂吾魚鳥足徜佯　　요오어조족상양

元城命數今又好　　원성명수금우호
北望蒼梧[71]可獻王　　북망창오가헌왕

---

71) 蒼梧 : 중국의 舜임금이 창오에서 죽은 데에서 유래한 단어로 蒼梧之望은 임금의 죽음을 의미한다. 여기에서는 한양을 의미

추모 이은률 · 2

늙은이가 눈물로 이별하니 다소 친해졌으나
어찌 오늘 내 마음이 몹시 아프지 않겠는가

나는 부질없이 떠돌며 세상을 저버리니 부끄럽고
공은 참으로 꿈임 없이 사람을 사랑했구나

열 살에 친분을 나누니 늙어서는 실수가 적고
세 살 때 정혼한 규수와 부부의 연을 맺어

행복이 열반의 피안에 견줄만하니
서로 함께 수행으로 얻는 인과가 아니겠는가.

又

白首泣辭多少親　　백수읍사다소친
云何今日最傷神　　운하금일최상신

我慚地步空違世　　아참지보공위세
公以天眞獨愛人　　공이천진독애인

十歲論交差老少　　십세론교차로소
三年結約又婚姻　　삼년결약우혼인

幸如彼岸輪回說　　행여피안륜회설
不幾相隨證果因　　불기상수증과인

각기병

기가 충만하지 못하여 쇠약함이 심해졌네
병 든지 모르는 가운데 급속히 진행되어

아침에 내린 비에 도비산이 어둡게 보이고
은거하기 좋은 쓸쓸한 집에 밤새 바람이 부네

병마와 본래는 적이 아닌데 서로 싸우고
殺神이 득시하여 왕성하니 약효가 있을 리 없다네

창밖에서 아내는 오로지 비웃는 말만 하네
저녁 찬은 또 보리밥에 푸성귀만 올라오려나

長夏風濕瘇毒徧身
장하풍습종득편신

甚矣吾衰氣未充　　심의오쇠기미충
駸駸受病不知中　　침침수병부지중

島飛山[72]暗崇朝雨　도비산암숭조우
幽善堂空徹夜風　　유선당공철야풍

主賊交攻元不敵　　주적교공원부적
君臣相佐[73]藥無功　군신상좌약무공

隔窓一哂家人語　　격창일신가인어
夕饌其何復麥葱　　석찬기하부맥총

---

72) 島飛山: 충청남도 서산시 부석면 소재
73) 君臣相佐 : 내 몸이 臣이면 君은 殺神(자평명리)

人日 이웃 친구와

정월 칠 일을 풍속에 人日이라고 부른다

만물 중 으뜸은 오직 사람이라 했거늘

이날을 맞아 탄식만 하는구나

금수가 날뛰며 어찌 사람을 괴롭히나.

次隣友人日韻
차린우인일순

新元初七俗稱人　　신원초칠속칭인

萬物之靈亶在人　　만물지령단재인

却逢是日重歎息　　각봉시일중탄식

禽獸縱橫奈逼人　　금수종횡내핍인

제4부

망국의 울분과 義士에 대한 애정

/ 60대

망국 · 1

연말에 천지가 갑자기 꽉 막히네

위태로운 조정을 용맹스럽게 짊어졌으나

소양산 아래에서 통곡하네

초야에 홀로 돌아와 천심을 보는구나.

寄昭陽諸公奔問
기소양제공분문

窮陰天地忽沈沈　　궁음천지홀침침

虎負其隅鬼嘯林　　호부기우귀소림

痛哭昭陽山下路　　통곡소양산하로

中行獨復[74]見天心　　중행독부견천심

---

74) 中行獨復 : 주역에 나오는 말로 공자는 象傳에서 陰의 가운데서 살아가나 홀로 돌아온다는 것은 道를 따르는 것이다(中行獨復 以從道也)"로 해석

망국 · 2

小華 우리나라가 이제 망하고 있으니

관료들이 아침부터 동분서주하는구나

왕년의 고고한 모습들은 간데없으니

내 작은 마음이라도 보태노라.

又

小華一邦今陸沈　소화일방금륙침

大夫跋踥曉穿林　대부발도효천림

前行莫在鳩筇[75]重　전행막재구공중

添送吾人一片心　첨송오인일편심

---

75) 鳩筇 : 공로가 높은 늙은 신하에게 하사하던 물품

망국울분[76]

슬프도다. 하늘이 우리나라를 멸망시키는구나

모든 관료가 곡소리 듣고

마침내 궁에서 쫓기여 나는구나.

차라리 이 한 몸 순국하리라

十月國變隨聞軋賦以撥憤欝之氣
시월국변수문알부이발분울지기

盡矣天亡我小華 　　혁의천망아소화

百僚咸聽趙爺爺 　　백료함청조야야

纔來廷請還門出 　　재래정청환문출

寧以吾身殉國家 　　영이오신순국가

---

76) 을사조약 체결

을사조약 전문

　日本國政府와 韓國政府는 두 帝國을 결합하는 利害共通主義를 공고히 하기 위하여 한국이 실지로 부강해졌다고 인정할 때까지 이 목적으로 아래에 열거한 條款을 약정한다.
　제1조 일본국 정부는 도쿄에 있는 外務省을 통하여 금 후 한국의 외국과의 관계 및 사무를 監理指揮할 수 있고 일본국의 외교 대표자와 領事는 외국에 있는 한국의 신민 및 이익을 보호할 수 있다.
　제2조 일본국 정부는 한국과 타국 사이에 현존하는 조약의 실행을 완전히 하는 책임을 지며 한국 정부는 이후부터 일본국 정부의 중개를 거치지 않고 국제적 성질을 가진 어떠한 조약이나 약속을 하지 않을 것을 기약한다.
　제3조 일본국 정부는 그 대표자로서 한국 황제 폐하의 闕下에 1명의 統監을 두되 통감은 오로지 외교에 관한 사항을 관리하기 위하여 경성(京城)에 주재하면서 직접 한국 황제 폐하를 궁중에 알현하는 권리를 가진다. 일본국 정부는 또 한국의 각 개항장과 기타 일본국 정부가 필요하다고 인정하는 곳에 理事官을 두는 권리를 가지되 이사관은 통감의 지휘 밑에 종래의 在韓國日本領事에게 속하던 일체 職權을 집행하고 아울러 본 협약의 조관을 완전히 실행하기 위하여 필요한 일체 사무를 掌理할 수 있다.
　제4조 일본국과 한국 사이에 현존하는 조약 및 약속은 본 협약의 조관에 저촉하는 것을 제외하고는 다 그 효력이 계속되는 것으로 한다.

제5조 일본 정부는 한국 황실의 안녕과 존엄을 유지함을 보증한다.

이상의 증거로써 아래의 사람들은 각기 자기나라 정부에서 相當한 위임을 받아 본 협약에 記名 調印한다.

光武 9년 11월 17일 外部大臣 朴齊純
明治 38년 11월 17일 特命全權公使 하야시 곤스케

을사조약 전문 - 서울대학교 규장각 한국학연구원 소장

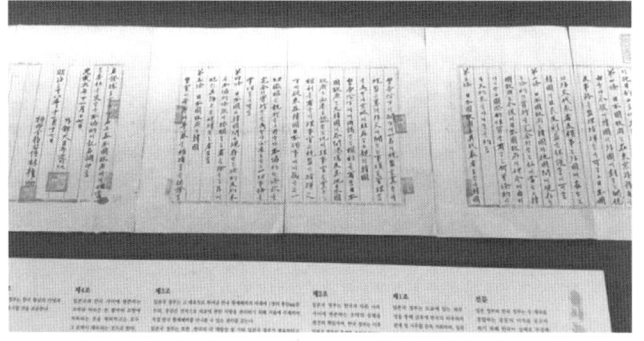

을사조약 직후 한일 양측이 함께 찍은 사진 (맨 앞줄 가운데 - 이토 히로부미)

애도 조병세 · 1

동한 조선을 홀로 붙잡고 지탱하다가

의로움을 지키며 하찮은 관직을 버리더니

멀리 있는 백면유생이 오히려 울분에 차있구나

젊은이는 서리가 내리면 곧 얼음이 언다는 걸 모르나

右悼趙相公 秉世　二首
우도조상공 병세

東韓天地獨扶網　　동한천지독부망

一辨熊魚謝犬羊　　일변웅어사견양

白面迃生猶有憾　　백면우생유유감

早年何不辨氷霜　　조년하불변빙상

애도 조병세·2

신축 임인년에 중국의 굴복으로 우울해질 때

천추에 빛날 큰 절개가 위대하도다

오호라 오늘 하늘의 재앙이 몹시도 크니

위대한 공의 저항 의지를 이어받으리라

又

憶昔辛壬降貳憂　　억석신임항이우

偉然大節炳千秋　　위연대절병천추

嗚呼今日滔天禍　　오호금일도천화

繼以賢公障下流　　계이현공장하류

애도 민영환 · 1

옛날 입양한 처지에서도 나라만을 생각하며

가문도 잊은 채 마지못해서 일 한지 몇 년인가

이제 나라 걱정에 서거하여 갈 곳을 얻으니

가엾은 자식과 외로운 충직을 어찌 말로 다하랴

右悼閔尚書 泳煥　二首
우도민상서 영환 2수

在昔家亡尚國存　재석가망상국존

幾年黽勉閉重門　기년민면폐중문

而今得所悠然逝　이금득소유연서

憐子孤忠不忍言　연자고충불인언

애도 민영환·2

오 저 동양의 교활한 이리들이

이미 나라를 빼앗고 미풍양속까지 말살하나

끝내 그대 인품까지 멸하지는 못하였으니

만고에 이름이 빛나 드리우다 민 시랑

又

噫彼東洋之鬼狼　　희피동양지귀랑

旣何奪國又殲良　　기하탈국우섬량

縱然不滅吾人性　　종연불멸오인성

萬古垂名閔侍郎　　만고수명민시랑

애련 민씨충노

충신의 가문에 충노가 있네

주인의 은혜를 잊지 않고 몸을 아끼지 않는구나

평상시에는 벼슬아치들에 부끄러움도 가졌을 텐데

자세히 찾아보면 어찌 이런 비천한 사람들뿐이겠는가

右憐閔氏忠奴
우련민시충노

忠臣門下有忠奴　　충신문하유충노

不忘其恩不愛軀　　불망기은불애구

竊愧平日簪履[77]族　절괴평일잠리족

視渠奚啻獸虫徒　　시거해시수충도

---

77) 簪履: 비녀와 가죽신. 높은 벼슬아치들의 禮服 차림을 뜻함

애도 김봉학

일개 포병을 선비인들 백성인들 누가 알리요

오직 나라만을 위하여 목숨도 아끼지 않았네

글 읽고 의로움을 논하는 조정의 관료들은

백세에 걸쳐 허깨비 죄인이 되었구나

悼兵丁金奉學[78]
도병정김봉학

一箇砲兵遐士民　　일개포병하사민

但知有國不知身　　단지유국부지신

讀書譚義諸朝士　　독서담의제조사

百世空爲甭罪人　　백세공위용죄인

---

[78] 평양진위대에서 근무하다가 상경하여 징상대(徵上隊) 상등병으로 복무했다. 을사늑약 이 체결되자 이토 히로부미를 처단하려고 동지들과 모의했다. 그러나 일이 누설되어 거사가 실패로 돌아간 것을 알고 자결 순국했다.

애도 홍만식

외로운 신하가 망국의 아픔을
한번 죽어 임금에 보답하네

무력으로 궁궐을 도모하니
궁문에 창칼인들 어떠하랴

천심이 끝내 그대 편이었으나
시국을 누가 담당하며

백성들이 노력을 보태겠는가.
오호 홍시랑

右悼洪侍郎　晩植[79]
우도홍시랑 만식

孤臣亡國痛　고신망국통
一死獻于王　일사헌우왕

叫閽云有斧　규혼운유부
辭闕豈無鋩　사궐기무망

天心終愛護　천심종애호
時事孰擔當　시사숙담당

努力加飱飯　노력가손반
嗚呼洪侍郎　오호홍시랑

---

79) 洪晩植 : 갑신정변의 주역 홍영식 의 형

이상설을 격려함

乙巳五賊들의 매국 청원에 홀로 항거하니

小華 我國은 아직 망하지 않았구나

일시의 의기로는 끝내 지키기 어려우니

훗날 일찍이 軍事로 도모하기를 바라네

右勉李台　相卨
우면이태 상설

五賊交章獨抗章　　오적교장독항장

堂堂小華未全亡　　당당소화미전망

一時義氣終難保　　일시의기종난보

更願將軍膽日嘗　　갱원장군담일상

기특한 원태우

작은 손으로 돌맹이를 날리니

이또오가 구천에서 깜짝 놀라네

만약 대원군이 대권을 장악했다면

백성과 군대가 나라를 보전했으련만

右奇安陽　　小兒
우기안양소아

一丸石出小兒拳　　일환석출소아권

伊藤驚魂便九泉　　이등경혼변구천

若使晦翁操大筆　　약사회옹조대필

庶同衛卒扞流傳　　서동위졸병류전

성지를 받잡고

나라와 사직이 망한다는 말은 중대하다오

오호! 황제의 명이 거짓임은 불가하거늘

만약 신하들이 이 의로움으로 충만하다면

동한천지 존립의 도모를 볼 수 있으련만

伏聞變夕聖旨痛哭而賦
복문변석성지통곡이부

國君死社大哉言　　국군사사대재언

聖德於戲不可諼　　성덕어희불가훤

若使臣隣充此義　　약사신린충차의

東韓天地見圖存　　동한천지견도존

애도 이붕림

큰일 하는 우체(郵遞)사가 어떤 관직인가.

마지못해 삼 년 일하다 그렇게 피를 뿌렸구나

결연히 칼 빼 들어 크게 호통치며

남방오랑캐를 피로 물들이니 누구와 비교 할 수 있나

悼李主事 鵬林
도이주사 붕림

洪營郵遞曰何官　　홍영우체왈하관

黽勉三年彼釁官　　민면삼년피흔관

一劍決然爭僞號　　일검결연쟁위호

觸蠻殘血較誰寒　　촉만잔혈교수한

家奴의 빛나는 항거

부엌에서 고기 썰던 칼을 내던지니

도적의 목을 베고 순국하지 못함이 한이로다

한번 꾸짖고 크게 외치며 문밖으로 나가니

종전에 찬밥 덩어리 얻어먹은 게 후회되네

奇澤賊家饌婢 　軍部大臣 이근용 家奴
기택적가찬비

夕廚割肉劍還投　　석주할육검환투

恨不騰空斬賊頭　　한부등공참적두

一罵一號出門去　　일매일호출문거

從前悔食甬乾餕　　종전회식용건후

학부주사 이완용

강화조약 맺을 때 의리는 이미 버렸거늘

가엾은 학부대신은 무슨 책 읽었소

삶과 정의 중 무엇이 소중한지 결국은 알 텐데

혼자만이 하늘의 올바름을 그렇게 보는가

學部主事 李完用
학부주사 이완용

義理已壞講和初　의리이괴강화초

憐君學部讀何書　연군학부독하서

終然辨得熊魚別　종연변득웅어별

獨見天彝尙自如　독견천이상자여

* 熊魚 : 生과 義. 孟子 告子上 참고

분개 오적불참

동방 예의의 우리나라에서

매국노들이 활개를 친지 오래니

다만, 서생으로서 촌철이 없음이 한스럽네

마침내 이런 무리들이 편안히 천수를 누리는구나

憤五賊不斬
분오적불참

堂堂禮義我東方　　당당례의아동방

賣國群匈幾虎倀　　매국군흉기호창

只恨書生無寸鐵　　지한서생무촌철

終令此輩壽而康　　종령차배수이강

매국노

창귀가 어떤 귀신인가
본래는 사람으로 태어나서
사람이 만물 중 영험하여
부족함 없이 골고루 받았으니
천성은 仁과 義요
윤리는 忠君과 孝親이라
하물며 우리는 선왕의 은택이
몸속까지 사무치게 퍼졌거늘
어찌하여 호랑이 밥이 되어
바로 호랑이 귀신 되었느냐
일찍 사람이었던 줄도 모르고
호랑이 앞에서 길을 인도하니
무지한 무리의 꾐에 넘어가
그 천성의 진실이 사라졌구나

우리를 지탱하던 모든 풍속이
하루아침에 근본이 무너지고
우리를 지켜주던 모든 武力이
하루아침에 힘을 쓰지 못하는구나
白晝에 방자하게 활보하고
기세 당할 자 아무도 없구나

倀鬼[80]歎
창귀탄

倀鬼云何鬼	창귀운하귀
甬生本匪人	용생본비인
人者萬物靈	인자만물령
洪勻賦不貧	홍균부불빈
其性仁與義	기성인여의
其倫君及親	기륜군급친
況我先王澤	황아선왕택
骨浹又肌淪	골협우기륜
胡乃入虎口	호내입호구
便與幻虎神	편여환호신
不識嘗爲人	불식상위인
前導虎之身	전도호지신
誑誘無知輩	광유무지배
汩其天性眞	골기천성진

凡我維持物	범아유지물
一朝頹其綱	일조퇴기강
凡我備禦具	범아비어구
一朝毁其防	일조훼기방
肆然白晝行	사연백주행
氣焰孰能當	기염숙능당

---

80) 倀鬼 : 호랑이에게 잡아먹혀 호랑이 귀신이 되어 먹을 것이 있는 곳으로 호랑이를 인도한다는 못된 귀신

약한 자는 약한 자끼리 싸우고
강한 자는 강한 자끼리 싸우며
정신없이 달려온 지 몇 해인가
모두가 본성이 문란해지고
부모에 순응하는 마음도 훼손되며
왕의 권위까지 무시하는 지경이니
일편심이 점점 커가고
세력이 날로 더해지니
땅에 다면 땅이 무너지려 하고
하늘에 고함치면 햇빛마저 가리네
힘없는 백성은 나를 슬프게 하고
끝내 모두가 다 망하는구나
초가집 아래에서 울부짖는
백성들이 하늘에 하소연하나
보살핌은 역시 크게 빛나건만
어찌 상처를 애통해하지 않는가

깊은 밤에 천둥소리 들리더니
구천의 양기를 북돋워 피워내
용사가 때맞춰 나오니
의기가 어찌나 당당한지
활솜씨는 한나라 羿에 미치고
말 타기는 춘추시대 왕량이니
山河가 맹렬히 불타오르고
온갖 짐승들이 두려워 떠네
한발에 적의 괴수도 죽이는데

弱者食其弱　약자식기약
强者食其强　강자식기강
駸駸幾年所　침침기년소
傷性孰非偕　상성숙비창
甘心毁親形　감심훼친형
恣意犯王章　자의범왕장
滔滔成一片　도도성일편
勢威日益張　세위일익장
觸地地欲裂　촉지지욕렬
吼天天無光　후천천무광
哀我無告民　애아무고민
終亦淪胥亡　종역륜서망
嗸嗸蔀屋下　오오부옥하
萬姓號彼蒼　만성호피창
天鑑亦孔昭　천감역공소
豈不盡然傷　기불혁연상

半夜一聲雷　반야일성뢰
皷發九泉陽　고발구천양
勇士爲時出　용사위시출
義氣何堂堂　의기하당당
善射皆弓羿　선사개궁예
範驅盡王良　범구진왕량
山澤烈焰熾　산택렬염치
百獸盡恐惶　백수진공황
一發殲厥魁　일발섬궐괴

169

누가 범의 늑골이 강하다고 말하리
공연히 허둥지둥 어디로 가려하나
길가에서 부질없이 죽거나
죽지 아니한 놈들은
어찌 쓸데없는 배알을 고집하랴

멀리에 있는 늙은 서생이
탄식이 길어 방안에 가득 차누나

乙骨孰云剛　　을골숙운강
佁佁甭何之　　창창용하지
空仆道路傍　　공부도로방
如有未泯者　　여유미민자
盍幻甭本膓　　합환용본장

白首疎迃生　　백수소우생
添室嘆息長　　첨실탄식장

증손자 유병일 화가 그림 (해미읍성)

가엾은 작은 새

하늘과 땅을 오르내리며 날고 또 나르니

스스로 초췌해져 탄식소리 들려오네

홀연 적막하여 아무것도 보이질 않아

머리 돌려 바라보니 어스름한 산기슭에 서 있네

咏淀地理 鳥名
영선지리 조명

從地從天飛又飛　　종지종천비우비

一聲浮動自然機　　일성부동자연기

忽焉寂寞無形影　　홀언적막무형영

回首夐看立翠微　　회수경간립취미

부록

원문
1. 家庭拾祿(存齋 兪鎭河 선생 친필)
2. 汶陽集 詩 중 汶陽九曲 (문인 편집)
3. 存齋先生遺稿 天·地·人 중 詩 部門 일부

생애와 가승보
1. 存齋 兪鎭河 선생 생애(1846~1906)
2. 存齋 兪鎭河 선생 가승보

1. 家庭拾祿(存齋 兪鎭河 선생 친필)

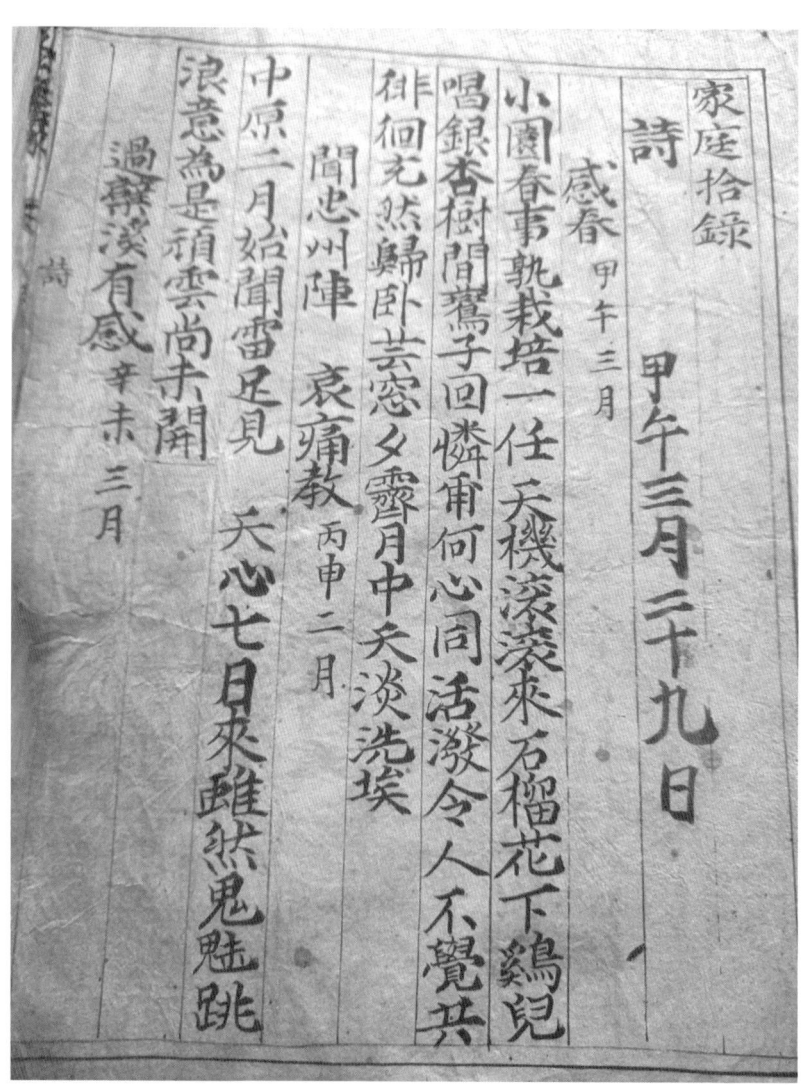

入峽纔三里登山又一層緣溪前路卽依石數家仍
樵牧居人古衣冠夫老曾思君山水綠不覺夕暉疑

又

華山西北鬱溪流萬折千回也不休盡日縈迴鵝浦
口到頭滄海更無愁

懷樓山寓居 丙申四月

華陽山色夢魂牽面面回頭却惘然一統春秋先正
義寫卷詩禮主人賢猶可採芝無病日不妨拾橡有
飢年愧我何心輕去就山靈也是厭塵緣

春梅 辛未三月

養甫如此木雪中不敢春春風一夕至爛熳見天真

奉和族祖南崗寄示韵 丙子三月講和時

向來韜晦太無端世外升沉一任看空識今宵憂國
意終南山下月團團

送黃鵬巖 鍾律悕朋川 五首己卯九月

江西詩祖舊廷堅謫下人間已幾年今日送君天北
路巖炯渭月夢鴈辛

又

江國燕霞秋意長蕭々旅鴈早驚霜空知他日相思
夢更把並州作故鄉

又
泛彼興龍江上艇行行幾日到朔川中流願載吾心

又
去快滌鵬暭萬里邊

又
江樓相送意只在不言間要識吾心重歸着七寶山

泛泛西湖水回艘即我家明年春色早莫逐武陵花

鵬巖有啣不來
登程無幾日接席又何時黃花聊泛酒紅葉強題詩
一宵難復合千里奈相思多意西湖月黃昏不負期

婆娑林下月猿鳥不驚春上堂問寒暄鳳欽韋有因
捫虱談古事千感龜益神酌酒又論心青山雨洗塵
九矣君子澤百世猶未湮平生仰止心一回卽相親
況復承命席優寵無與倫扶攜俯臨勤音書枉誨頻
寢門長一慟林鵑共悲嗔却顧三患堂何忍送靈輀

鳳溪小會 丁亥三月

仙區一關幾經年礀路邊邊指點邊羔山頂上起無
地活水源頭忽有天雲下冠童方選勝朗陵賓主又
何賢犬時鄕寅善丈奉眾子孫往蔡
帶月歸來却惘然　丹邱仙子問安在

人日曉起 戊戌

今日即人日悵來兩雪雰俚說雖荒誕痴心實恐惶
飢後民恆病亂餘厭易張蒼生問罪庚天意果茫々

戲贈蓮谷

三道青華兩路丫敗軍復出水南涯那識兩風千里
月可憐籃澗一枝花望子青山餘幾敵如吾赤手叉
三家不然阿李西湖水容易秋風更泛槎

中秋與春史蓮谷暉山遊下都

十里靈仁下一支西海間重重吞吐水疊疊斷連山
今人雖日陋此世莫如開篷師須早泊風雨動愁顏

渭我聞伊尹亦耕莘閒雲寂寂經綸雨古木遲遲意
緒春最念窮陰長夜裡十分加護自家珎

蓬坪有感 壬午八月

洌彼石間泉莫隨風曲川一從山外去環海盡腥羶

哭洪確齋大心墓 庚辰三月

確齋居士墓痛哭復長歌遙賀重泉下西洋不及波

送明川崔生柄禧

人言門地素寒微不敢高鳴不敢螫誰識如今從我
始百年勤果闢荊扉

山居即事

與鄭晚翠 癸卯六月十二日

隔海相望雲樹漵然叔弟來獲探起居足慰遠懷況聞通來頻嗣鴒樓漸次整理臨風諮諮无庸感祝之至更伏問新元侍彩茂對萬祉居閒養靜溫故而有知新之意深造而有自得之味耶日夕企仰不啻若飢渴者之於飲矣河襄頫日甚只切窮廬之歎目聞蓮谷計之寸寸腸曲無非針割著刀割著矣傷痛幾日不能空情豈年易感之致耶吾道益孤之歎耶仰想盛意似應一般

人知芻蕘之餘何以為懷耶然■死者已矣尚令寄存者
吾二人而落二數百里又不能麗澤源二■有觀感資
竊不知他日何以見先師於地下也弟望吾兄毋以運
吝之死於道路此溟之流■海曲少挫其志宜大奮發大
振作使我先師拳二期待之望墮於虛地也漂衣遷延至
今不覺愧悚耳曉松確霽二友匠節何如忙未各幅幸希
此意也荼冀 雅照

鄭公寅善君文源挽

翼翼異松江節源源粟谷門麻田賢守業巴串老師源
維嶽鍾南紀以公陟上元氣容清且粹德性雅而溫
天禀无查澤帝衷有本原仁慈恒務寶孝悙又培根
棣棣威儀則怡怡忠信言上堂供拔水八廟薦蘋蘩
恩愛和僮儌諫恭戒子孫族姻誠意感鄉黨俗風敦
下界神仙隊十家活佛存青年工舉業赤幟建詞垣
晚解東庠額旋蒙一命恩宦情非厭薄世路肯爭奔
歸卧先人宅而無世俗喧猿盟曾有約蟻夢了無痕
歲暮松楸隴日長杞菊樊四朝黃髮重八耋赤心惇

王曰忠賢嫡甫今耆老尊與勞員台座耀隆龍巷街掀
天道終施善人心必慰寃優恩何以答聖德不能謢
猶可辭天陞趣令駕我軒翩翩儀閣鳳甫重厠堦鵷
天上龍顔喜雲邊鶴髮翩苟非思禮重何用往來煩
位重心尤下豈高氣不昏一清家法矣萬善爵名妥
命也曾埋玉數耿乂叩盞如公何處得敢我後生論
門路由先正典型及後昆分明遺脉在惺恐陋辭授
辛我東南覺托公上下村萬山街雪月再拜問寒暄
謂我同勲裔講先感溪吞壬辰分受命己丑共平友
常恨群陰剝未能正氣噴無多求雅誨不覺醉神魂

哀感慰孤席辱臨靡子蹲清查留几案精米責郊圞
中屋聞三復寢門哭一番依然如在面已矣賁追跟
憐我忧悵失為誰泙浹抇公門方赤芟子姓又多蕃
瀾瀾哀容俄侵優禮數繁帝鄉朝北斗先隴向東墦
白日翻朱翣青天拂繐幨四鄰如雨淚一巷似雲屯
神鬼皆呵護虎龍亦跪蹲難無恚詎重紳曲送靈轓

祭公正源垁 甲午二月

苢薰鳳巖名今寫鳳巖隣搖落江山宅孰有典型真
蒼茫尋古跡怊悵向溪濱蒼苔水半邊白屋山一垠
老人依杖立鶴髮整烏巾讀我先生書守我先生貧

婆娑林下月猿鳥不驚春上堂問寒暄鳳欽童有因
捫虱談古事千歲龜益神酌酒又論心青山雨洗塵
凢矣君子澤百世猶未湮平生仰止心一回卽相親
況復承命席優寵無與倫枝屨俯臨勤音書枉誨頻
寢門長一慟林鶴只悲嗔却顧三患堂何忍送靈輴

鳳溪小會 丁亥三月

仙區一闢幾經年礀路邐迤指點邊恭山頂上嶷無
地活水源頭忽有天雲下冠童方選勝朗陵賓主又
何賢丈時鄭寅善丈率眾子孫往蒸亦携三子出迎故友之 丹邱仙子問安在
帶月歸來却惘然

又

先生卜築記何年路逕依迷磵谷邊黃江樓下千秋
月白洛山中一洞天巖鸞遺墟悲世降婆源數計認
孫賢小子晚來無語立丹卯一抹忽蒼然

過青川謁宋子墓 丙申二月

嗚呼夫子墓萬古正巋然仲尼吾未見晦父就為傳
禮義三千里春秋二百年小生今日淚一脉又腥羶
宋子墓上見皇廟令一行痛哭口驕
青山痛哭姓香烟李鄭胡爲石獸前先王舊制拋何
地父母遺形自絕天況我皇靈猶陟降令渠鬼魅敢

周旋若使家奴塚中出春秋鐵鉞甬當先

中秋攜營見首掃親墓 丁酉七月

二百里程不見忙 海山盡處忽蒼洔一區雲水吾家
境三世查壇清節棖廢 乩主張梨花亭畔景安公黃
梁孰杏樹庭前慶士公手植 梁辭先考新封竟何是鬴瞵
風揮槲渫琳琅
夜宿墳庵

與民表宿曲城墳菴次廉氏省楸錄韵
曲城墓下聽秋風星月蕭森澹木中却使行人猶起
敬收翁大筆示無窮

省祖墓有感 己亥三月
向來瞻掃未周朞蓬棘如何滿目悲甚矣吾襄非復
昔一年一省亦難期

望蟬接 丙申秋
熊島孤烟出猪岑暮雨収蟬接云何境飄然障下流
軍亂曉起口占 壬午六月
坐來殘月待淸晨歲暮悠悠百感新執[?]云漁翁留釣

翌日投宿中方酒店
百帆紅蓼茂數店綠楊閒江空燈在水潮落月猶山
微風商鼓動倒景客箚閒巍起酒翁睡清香忽入顏

懷啓述
送子桃源去秋來路不迷晨潮隨月上夕帆向風西
海闊魚無信天空雁有啼徘徊秋水岸白露怨凄々

追次李光泰三加韻 庚子五月
聞說芙湖正歲春優優禮數始成人撲翁忠直家聲
古屛老洲源路脈眞百年基業從今日三代威儀見
此辰尋常社燕猶相愛為向華堂賀語新

龍遊坮行約後與諸友共賦 辛丑

龍游龍去問何年短杖登臨不敢前從古石痕車蹟
歷至今波面暗雲烟柁中布約同時會以外無言竟
百綠伐木歌終山更碧譪然春意洞中天

又

溪坮勝日日如年雲影天光共在前桃花雨漲魚吹
浪揚柳風微鳥曳烟藍田美俗皆同志㵎水浮生幸
托綠把酒諄諄相戒語誰知此事亦原天

三月少晦陪二丈上開心寺 辛丑

象王烏有跡般若本無情境僻天遙小林疎地轉平

東君春欲謝南極夜應傾多意菴前水遙遙送此生

又

坐久空門午悠然物外情斷輕帰雲逗小塘止水平
筇鞋渾忘苦杯樽不覺傾帰來遙想境林家淡烟生

嫂梧感志 辛丑

嫂梧生一本難弟又難兄分軆雖相對交柯亦不爭
風霜同受悴雨露共敷榮人性何相反東西各料生
湍上楸行過臨津與民表共賦 戊子九月

兩家先壠幸同州十日聯筇作勝遊我且有孫君有
子幾回同濟此江舟

宿煙章卷 癸未四月

颭曉來黃葉滿前塢

山翁經濟極踈迃一任於天不費吾□□□□□□

宇宙東來有此山二皇遺廟彩雲間屹然喬嶽撐
天勢晦父重來海外家
憫晛出
憐爾孤貧從我遊別他姿性是清脩朝來輙望廚烟
起使我能忘一日憂
挽金丹洲希濟
丹邱臺下水漣漣中有婆娑皓髮仙人誰不改顏淵

秋雨支難厨火冷

樂天亦應知伯道暨獨憐湖海歸雲逗却感池塘好
月圓一夕翛然乘化去此生何以送餘年

代李台松隱作

哀我丹洲聽我辭日冥雲慘欲何之百歲悲歡誠汗
漫一門生死孰扶持兩侄婚姻重有約以兄慈愛
獨無知雖然自是無情責上帝悲傷肯顧私

長夏風溫產壽偏塋

吐笑吾衰氣末充國甲蒙病不知中尚尢山瞎崇朝雨善縈
空穆怡覺主敵攻尓敵君臣相住承上亨功隔囲一哂欽人語又
鐫古茶山疒鷺

與暉山拈杜韻 戊戌

昨夜春風動雪林冲然羣象眼中森澗冰漸釋還初
水窓暑微溫恐轉陰又歲筐歎歎無斁怱聽韶句更
有心源源山寺重遊約解送春衣月下砧

春史家逢蓮谷暉山拈社韻共賦

翩然二鶴下長堤徹夜寒聲模被淒吾儕共値三灾
厄斯道胡為七聖迷客冬頑雪猶崖北人日殘暉又
㠘西去去來相續意寒流更聽院南溪

和孔龜山韻

龜鶴山溪下墨帷聖師辛胃遠哉微貴為天下無違

猴學得人間等幾機竅古淵源終不墜皃今血脈又
願依願言更理西江楫沫泗春風泛泛歸

元朝述懷寄諸弟 戊戌

問君今夕復何居湖海相望渺然亂中骨肉常難
聚老去情懷却易虛米鹽活无親切山水經營亦
闌珇征雁雖雖何處至一聲一涕未成書

除夕述懷 丁酉

茌苒湖山歲色翻蕭然感極欲無言客中到處無佳
節亂後明朝況正元要慰偏親燈下誦却疑羣弟座
邊喧辛勤獨被隣翁愛每向山扉輒問存

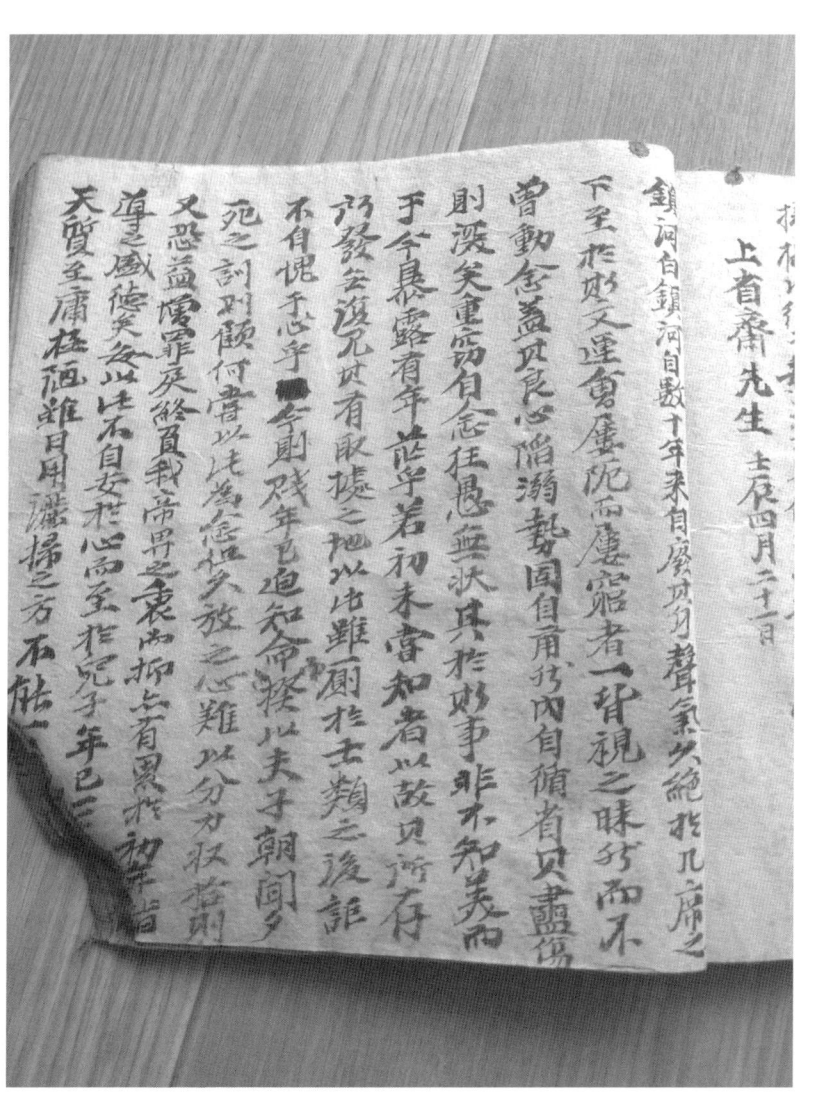

스승(유중교)께 올리는 글, 모음 글 중 일부

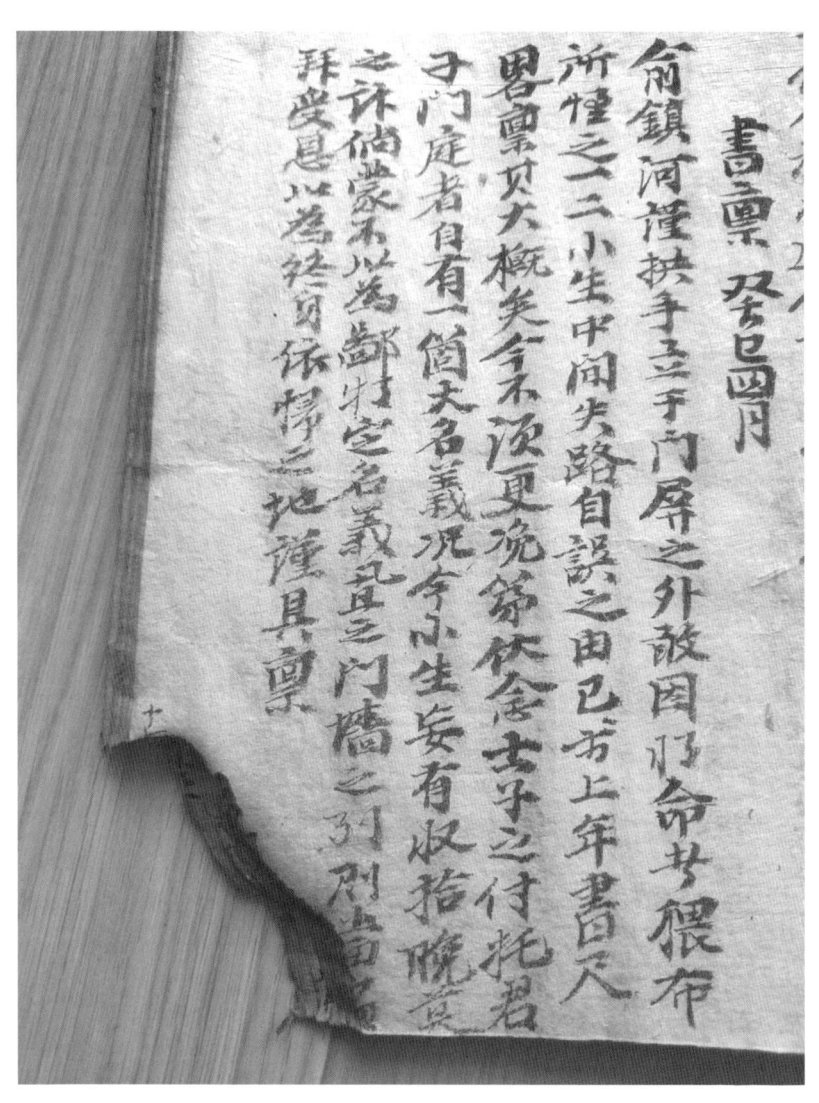

스승 사후 스승(유중교)께 올리는 글, 모음 글 중 일부

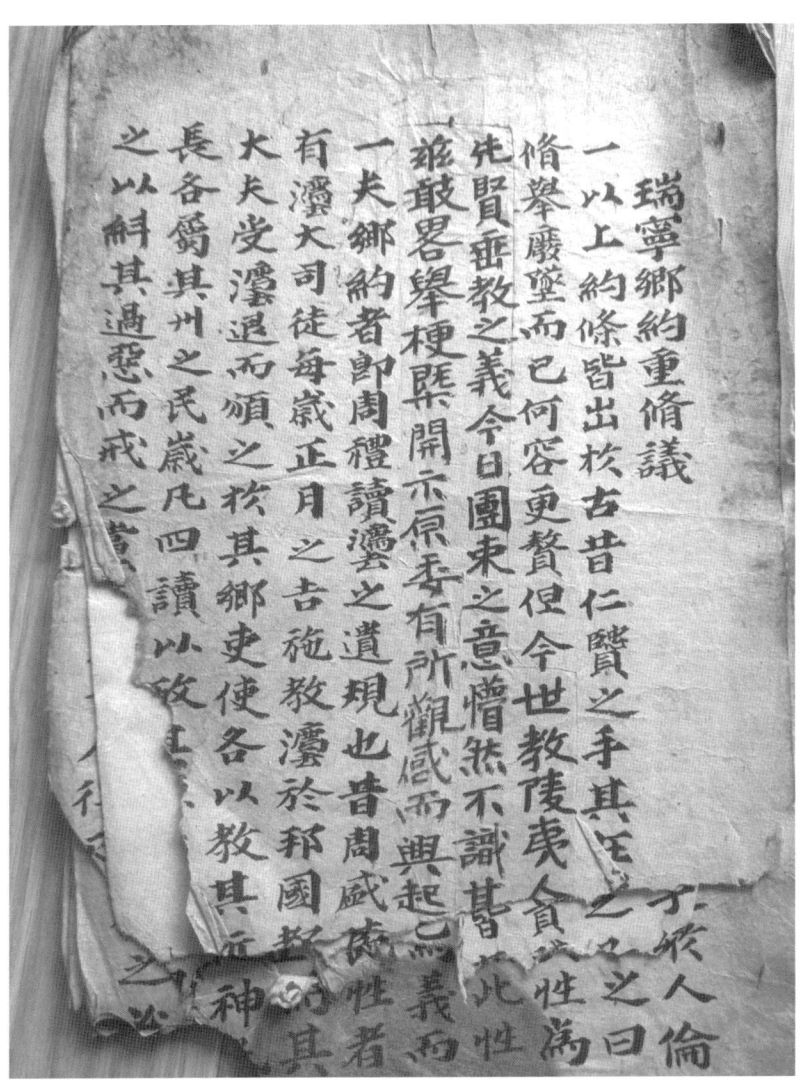

서령향약 중수의 중 일부

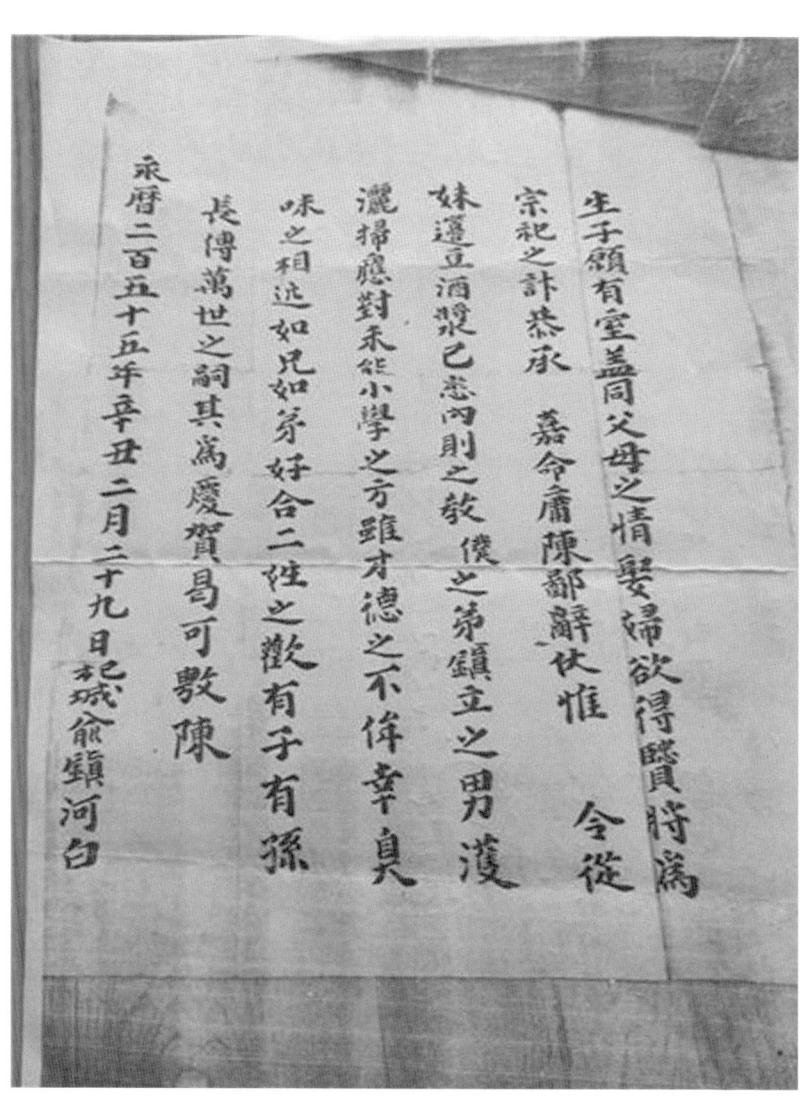

조카 청혼문

2. 汶陽集 詩 中 汶陽九曲 (문인 편집)

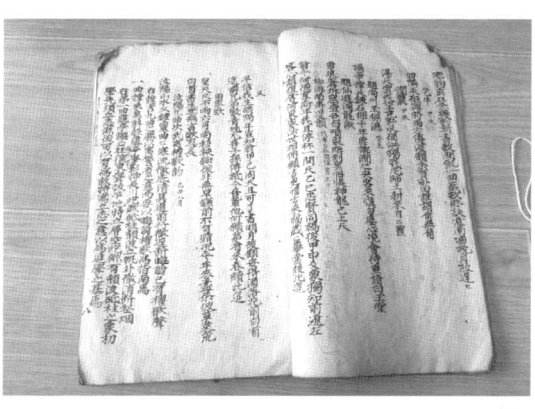

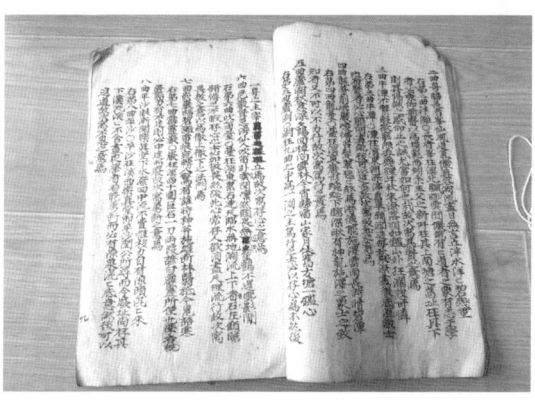

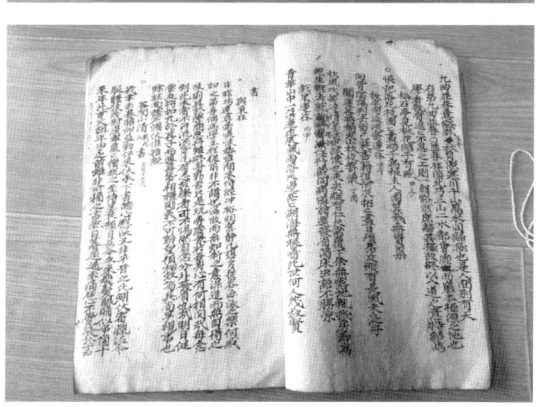

3. 存齋先生遺稿 天·地·人 중 詩 部門 일부
(1981년 孫 兪培根께서 편집)

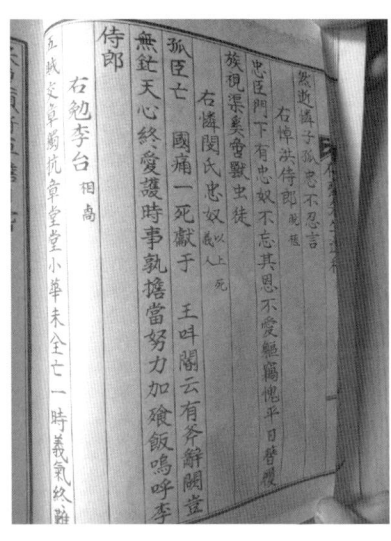
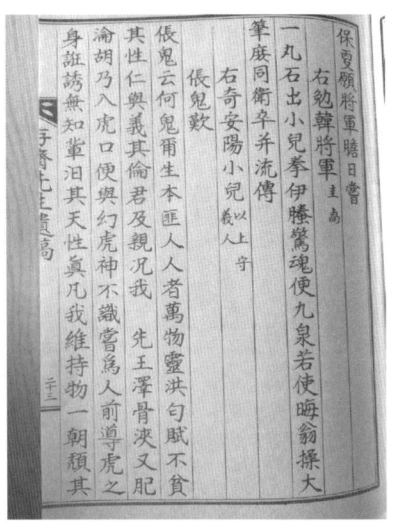
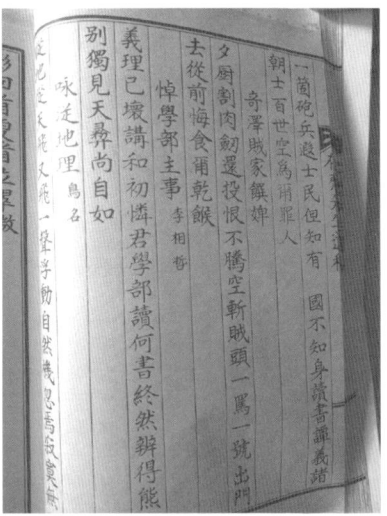
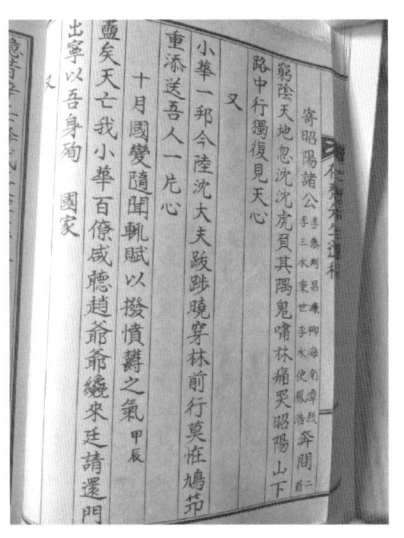

생애와 가승보

1. 存齋 兪鎭河 선생 생애[81](1846~1906)

丙午(1846년) 경기도 고양 출생

乙丑(1865년) 큰 뜻을 품음

己巳(1869년) 과장의 부패상을 보고 과거 포기, 과장에서 김교리를 만남(대산으로 이사하는 계기)

辛未(1871년) 爲己之學을 굳힘

壬申(1872년) 성제선생(스승 유중교)묘 알현

癸酉(1873년) 경기도 광주로 이사 28세

丙子(1876년) 강화조약 시 씀

庚辰(1880년) 홍대심(스승과 동문)묘 참배

辛巳(1881년) 진천으로 이사 36세

壬午(1882년) 학문의 성격이 확고해짐

甲申(1884년) 복장변경 반대 뜻을 표함

己丑(1889년) 문양 9곡 씀

庚寅(1890년) 道를 한시도 잊지 말자는 뜻에서 존재 호를 자칭

乙未(1895년) 서산 대산으로 이사 50세

丙申(1896년) 송자묘 알현

丁酉(1897년) 천안으로 이사

戊戌(1898년) 삼의사 추모글 작성

己亥(1899년) 서산 운산 거성리 정착 교육활동 55세

乙巳(1905년) 면암 최익현 격문 대서

丙午(1906년) 沒 無遺言

---

81) 생애 : 충남대학교 충청문화연구소, 유진하(兪鎭河)의 학문(學問)과 문인(門人)들의 민족운동 p.382

2. 存齋 兪鎭河 선생 가승보[82]

〈상대〉- 신라, 고려 시대

杞溪兪氏 始祖. 유삼재兪三宰(포항 기계면 마현리 산1-1번지)-면冕-성충成忠-눌訥-의신義臣-성미成美-언彦-대원大元-진경晉卿-양기良器-순順-신愼-중손仲孫-여해汝諧-득선得瑄-선僐(평택시 청북면 후사리)-승계承桂(안성시 금광면 한운리)-성복成福(안성시 금광면 금광리)-집輯(안성시 사곡동)-

〈중대〉- 조선 시대

二子 유해兪解(홍성군 홍북면 대인리, 죽산박씨, 청절사)-獨子 기창起昌(서호산인) - 四子 여림汝霖(경안공, 고양시 덕양구 관산동) - 長子 관綰(고양시 덕양구 관산동) ※진사공(涵), 자산공(泳)

☞ 長子호灝(단성공파), <u>二子 **홍泓(충목공)**</u>[83], 三子 순洵

---

82) 기계유씨 정유 대동보 7권(2017년 3월), 기계유씨 충목공파 대건大建 후손 가승보 (2005년 7월, 유혁목) 참조

83) 兪泓(忠穆公) 先生의 生涯(1524~1594) : 松塘集 解題(兪東濬), 조선 시대의 정당정치가 싹틀 무렵인 선조 시대에 크게 활약한 정치가요. 문장가다. 특히 임진왜란 중에 우의정이 되어 군국을 담당하다가 선조 27년에 좌의정으로 卒하였으니 참담한 난리 속에 생애를 마치었다. 자는 止叔이요. 호는 松塘 또는 退憂堂이라고도 하였으며 杞溪人이다. 선생은 신라 때 阿飡 벼슬을 한 시조 兪三宰公의 후손으로 曾祖, 兪起昌은 벼슬이 僉知中樞府事로 兵曹判書 曾되었는데, 梅竹軒 성삼문과 이종사촌 간이다. 祖. 兪汝霖은 禮曹判書로 경안공의 諡號를 받았고 아버지 兪綰은 成均館生員이며 어머니 宜寧南氏는 秋江 南孝溫의 손녀다. 선생은 중종 19년 서울 盤松坊에서 태어났는데. 어릴적부터 효성이 지극하였고 총명 한데다 독서를 좋아하였으니 스스로 장래의 촉망을 기약하였다. 선생은 8세 때 할아버지가 權臣 金安老의 誤國을 탄핵하다가 도리어 화를 입고 鄕里 서천 비인으로 逐放되니, 이에 할아버지를 모시고 시골로 내려가는 아버지를 따

라 卒家해서 서천 비인에 갔고, 11세 때는 할아버지의 軟禁地에서 아버지를 여의었다. 이와같이 선생의 어린 시절은 순탄치 못했다. 그러나 선생은 더욱 분발하고 뜻을 세우니 26세에 進士가 되고 명종 8년 30세에 문과에 급제하여 承政院에 나아갔다. 이어 藝文館, 春秋館, 司諫院, 成均館, 弘文館, 司憲府 등 주요관직과 六曹의 朗廳 관리로서의 엘리트 코스를 두루 거치었다. 선생의 관직생활 특징은 명종 12년(24세)부터 선조 18년 (62세)에 이르는 28년 동안 각급 지방관의 요직을 두루거치며 있다고 할 수 있다. 강원도 御史를 비롯하여 일곱 번의 어사와 5도의 觀察使로 지방의 민정과 변방의 안보를 담당하였으니 글 잘하는 문신으로서 행정력과 또 武略이 탁월하였음을 입증하였다. 일찍이 명종 19년 式年 과거시험에 선생이 考試官이 되었는데 그때 응시한 栗谷 李珥의 글이 선비들 가운데 壯元감이 되었다. 그러나 일부의 사람들이 율곡이 젊은 시절 佛道에 들어갔던 것을 험하는 이가 있어, 선생이「初學의 잘못은 옛 先儒에게도 흔히 있던 일이며 이제 그가 正學으로 돌아왔는데 무엇을 허물 하리오.」하니 분분하던 公論이 가라앉았다. 선조 15년(59세)에는 漢城判尹이 되고 이듬해 備邊司提調와 工曹判書가 되었으며 동 17년 2월에는 禮曹判書가 되었다가 8월에 평안도 觀察使로 나갔다. 선조 20년 10월에 선생은 謝恩使로 명나라에 갔다. 이때의 使行은 國初 이래의 현안문제인 宗系辨誣를 성사시켜 시정된 大明會典錄(明實錄)을 얻어 돌아오는 일이 있었다. 고려말 李太祖의 반대파인 李初 등이 명나라로 도망가서 이태조의 아버지는 李子春임에도 불구하고 고려말의 권신이요. 反明, 親元派인 이인임이 이태조의 아버지라고 誣告하여 明나라에서는 그렇게 알고 明實錄에 기록하였다. 이는 李初 등이 이태조의 對明外交를 방해할 목적으로 획책한 일인데 이로 말미암아 朝鮮 建國初 타격이 컸다. 새로 건국한 조선왕조가 중국 대륙을 장악한 신흥 明나라의 승인을 얻지 못하면 이는 중대한 문제가 된다. 그러하기에 조선 건국 초 對明 外交는 순탄치 못하였고 따라서 宗系誣告를 시정시키기 위하여 일찍이 태종 때부터 謝恩使를 보내어 誣告된 宗系是正을 요청하였으나 明 나라에서는 2백 년이 지나도록 시정하지 않았다. 이에 이르러 새로 편찬된 明實錄에서는 조선 2백 년의 숙원인 宗系誣告가 시정이 되고 또 선생이 피와 눈물의 간청으로 明天子를 감동시켜 시정된 大明會典錄을 얻어가지고 돌아오니 宣祖大王의 기쁨은 말할 것도 없고 나라의 일대 경사였다. 이 공훈으로 해서 선생은 光國一等功臣이 되고 杞城府院君에 봉해졌다. 또 崇祿大夫로 품계가 올랐으며 禮曹判書가 되었다가 얼마후 左贊成으로 승진되고 義禁府判事와 慶筵知事를 겸하였다. 그런데 선조 22년에 鄭汝立의 역모 사건이 일어나자 당시 義禁府判事를 겸하고 있던 선생은 자동적으로 이 역모 사건을 다스리는 推官이 되었는데 이때 추관에는 선생과 松江 鄭澈 두 분이었다. 이 사건의 주모자 정여립은 원래 栗谷 李珥의 추종자로 율곡 생존 시에는 그의 추천으로 벼슬을 했다. 그러나 율곡 卒 後 정여립이 율곡을 비판하고 나서자 東人들이 그를 조정에 천거하였다. 栗谷은 東西分黨에 있어 중립을 지키고 화합에 노력하였지만, 우연히 서인들과 친교가 많았다. 그러므로 율곡 卒 後 정여립은 완전히 서인들을 적대시하고 동인들과 가까워졌다. 정여립의 역모 사건에도 자연히 東人들의 연루가 많이 생겼다. 그래서 선생은 經席에서 말하기를「楚나라 옥사처럼 권력 남용이 많으면 후일에 반드시 異議가 있을까 두렵다」하니 이로 인하여 사건 연루자 중 구제된 자가 많았다. 정여립의 역모 사건은 東西 당파싸움에 휘말려 반전을 거듭하게 되었는데 얼마 아니 되어, 정부의 요직은 모두 東人에게 넘어갔다. 그리하여 선생의 詩에도 나타나 있듯이 어제 역모를 다스리던 사람들이 오늘 역적으로 몰렸다고 한탄하였다. 이와 같은 정세하에 선조 25년(1592) 4월 13일 왜군이 대거 침입하여 부산진에 상륙하고 東萊城을 함락시켰다. 이럴 때 선생은 廣州江亭에 있다가 급보를 받고 서울에 들어오니 백성들은 벌써

(신계공) 출후 종숙부, 경(璟)의 繼子
　1대 二子 대건大建(경기 광주시 검단산 우측 산기슭)
　2대 長子 찬증纘曾(경기 광주시 검단산 조고 하)
　3대 長子 반槃(충남 논산시 연산면 장전리 산26)
　4대 五子 명견命堅(황해도 토산군 다치면 오탄리)
　5대 長子 재기在基(경기 고양시 관산동 선영)
　6대 二子 언구彦龜(경기 장단군 장남면 고량포리)
　7대 長子 한우漢禹(경기 장단군 장남면 고랑포리)
　8대 四子 정주鼎柱(충북 진천군 문백면 봉암리)
　9대 長子 조환肇煥(충북 진천군 문백면 봉암리)
　10대 長子 치섬致暹(충남 서산시 해미면 홍천리 산 3번지)
　☞ **11대 長子 진하鎭河**, 二子 진수鎭洙, 三子 진립鎭立(출후 종숙부), 四子 진기鎭沂, 五子 진욱鎭郁(출후 족숙부, 신계공)

　　분산되어 서울이 거의 비어 있었다. 조정에서는 대응책으로 申砬을 보내어 北上해오는 적을 막도록 하고 또, 西遷計劃을 세웠는데 장차 서방으로 후퇴하였다가 사세가 불리하면 중국 요동으로 건너간다는 계책이었다. 선생은 즉시, 글을 올려 서천계획을 반대하였다. 그 내용인즉「임금과 조정이 군. 관. 민의 사기를 북돋아 주고 수부 서울을 사수하겠다는 결의를 보이고 침입해온 왜적과 싸워야 한다」는 주전론이었다. 이 상소문을 보고 王이 불러서 위로하며 曉諭 하기를「卿의 말이 지극히 당연하니 내가 마땅히 죽음을 다 할 것이라」고 했다. 충주에서 패보를 접하자 4월 29일 밤 자정이 넘어 선조 대왕은 왕세자와 六官을 거느리고 돈의문(서대문)을 나와 서쪽으로 향하니 선생은 가족을 버리고 한 필의 말로 王을 호종하였다. 적침의 책임으로 정국은 다시 반전되어 평양으로 가는 도중 鄭澈과 尹斗壽는 풀려서 입각하고 선생도 좌의정이 되었다. 그리하여 일시 平壤留守大將이 되었다가 얼마 아니 되어 中殿을 호위하는 책임을 맡았으며 조정이 分朝 할 때는 世子를 따라 중흥을 도모하라는 王命을 받들었다. 그리하여 선생은 수시로 卓越하고 적절한 계책을 세워 수행코자 하였으나 선생을 시기하고 꺼리는 자들이 조정 있어 어려움을 겪었다. 다만, 宣祖大王이 홀로 선생의 충정을 헤아려 보임이 지탱되었을 뿐이었다. 선조 26년 正月, 명나라의 지원군이 평양을 탈환하고 4월 서울에 왜적이 또한 성을 버리고 도망가니 선생은 왕명에 의해 首都修復의 선발대가 되어 임무를 수행하다가 또 선생을 꺼리는 자들에 의해 교체되었다. 여름에 王이 서울로 還都하고 선생은 다시 中殿을 호위하라는 명을 받고 海州에 머물게 되었다. 이듬해 선조 27년 (1594) 11월 좌의정이 되었으나 얼마 아니 되어 현직에서 퇴임하고 12월 25일 병으로 해주에서 卒하니 향년 71세, 忠穆의 諡號가 追贈되었다.

〈근·현대〉 - 구한말, 일제강점기, 현대

11대 진하鎭河(충남 서산시 해미면 홍천리 산 3번지)

12대(濬)

長子 인준麟濬, 二子 용준龍濬, 三子 봉준鳳濬

13대(根, 植, 穆)

麟濬: 長子 忠植(일본 오사카 행불), 二子 惺根(서산)

龍濬: 長子 培根(서산), 二子 左根(서산), 三子 斗根(서산)

鳳濬: 長子 成根(천안), 二子 亨植(早卒), 三子 泰根(아산),
　　　四子 鶴根(수원)

14대(炳, 煜, 煐)

惺根: **獨子 炳德(대전)**
　　　長女 明子, 二女 明福, 三女 光順

培根: 長子 炳角(서산), **二子 炳喆(서산)**, 三子 炳昱(서산)
　　　長女 炳順, 二女 炳姬, 三女 炳秀, 四女 炳淑, 五女
　　　炳嫃, 六女 炳溫

左根: **長子 炳一(서산)**, 二子 炳七(서울), 三子 炳勳(서산)
　　　長女 炳姙, 二女 炳娘

斗根: 長子 炳春(서산), 二子 炳昌(서산)
　　　獨女 炳妍

成根: 長子 煜(천안), 二子 煐(천안)
　　　長女 炳愛, 二女 炳南

泰根: 長子 炳午(아산), 二子 炳殷(아산), 三子 炳天(아산),
　　　獨女 炳海

鶴根: 長子 炳吉(수원), 二子 炳文(수원), 三子 炳武(수원)

15대(載, 在)

16대(善)

존재 유진하 선생 유고시집
存齋 俞鎭河 先生 遺稿詩集

기　　획　**유병덕**
역　　자　**유병철**
표지그림　**유병일**

발행일 2023년 8월 10일
발행처 기획출판오름 Orum Edition
발행인 김태웅
등록번호 동구 제 364-1999-000006호
등록일자 1999년 2월 25일
주소 대전광역시 동구 대전로 815번길 125
전화 042-637-1486
팩스 042-637-1288
e-mail orumplus@hanmail.net

ISBN _ 979-11-89486-86-0

값 15,000원

·본 책 내용의 전부 또는 일부를 재사용하려면 반드시 역자(기획자)의 동의를 얻어야 합니다.